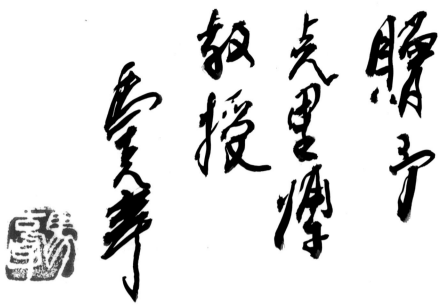

HAND-DRAWING

诠释手绘设计表现

Annotation of Hand-drawing Design Representation

马克辛 编著

中国建筑工业出版社

图书在版编目(CIP)数据

诠释手绘设计表现/马克辛编著.—北京：中国建筑
工业出版社，2006
ISBN 7-112-08319-2

Ⅰ.诠… Ⅱ.马… Ⅲ.建筑制图－技法（美术）
Ⅳ.TU204

中国版本图书馆 CIP 数据核字(2006)第 043237 号

责任编辑：唐　旭　李东禧
责任校对：王金珠　关　健
装帧设计：胡书灵　于　博

诠释手绘设计表现

马克辛　编著

*
中国建筑工业出版社出版、发行(北京西郊百万庄)
新华书店经销
北京广厦京港图文有限公司设计制作
北京中科印刷有限公司印刷
*
开本：787×1092毫米　印张：18⅔　字数：560千字
2006年5月第一版　2006年5月第一次印刷
印数：1-2 000册　定价：**198.00**元
　ISBN 7-112-08319-2
　　　(14273)

序一
Preface 1

　　环境艺术设计属于设计领域的新兴专业。它是人类生存环境中从宏观到微观的系统设计，体现了现代社会文化的积淀。但不得不说的是，环境艺术作品的创作有别于单纯的艺术创作，因为它与环境相依存，所以也受到相对多的约束。

　　马克辛作为我院环境艺术专业的学术带头人，我和他，除了同学四年以外，更多的是在学科发展建设及教学管理方面的沟通。他的设计作品曾在全国学术界相关大展中荣获过各类奖项。同时，他在省内外城市环境建设中做过诸多成功的设计。在教学方面，他善于把课堂教学和社会实践紧密地结合在一起，关注学校教育与社会之间专业知识的应用与转换。这一点是他的独到之处。当我看到这部书稿时，发现他对手绘设计的理解很是深刻，对手绘设计发展及其相关技艺的研究十分深入。从这本书中这么多辛勤的创作且具有创意的作品中不难看出，他对手绘表现有着深入的领会。这本书也让我们再一次领略到马克辛在艺术设计方面的造诣和深厚功底。该书无论从内容还是论述方式，在环境艺术设计领域，都可以说具有较高的学术参考价值。

　　首先是资料性。该书收集了上百张经典手绘作品。水粉、水彩、透明水色、彩色铅笔、马克笔等，各种材质和经典技法都融入其中。他综合地论述了手绘发展、变革的历史，以及手绘对当下环境艺术设计领域的独特作用。特别适合本科学生和研究生深

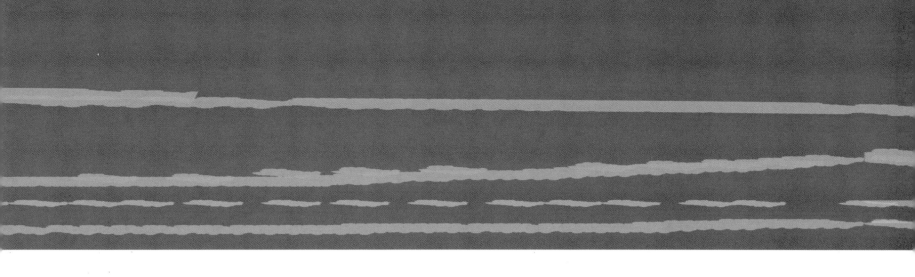

入研究历史上手绘发展脉络与变迁，适合爱好手绘的设计师作为参考资料。与国内同题材的书籍比较，此书所阐述的理论和收录的作品也是较为全面客观的，这可以说是它的文献意义。其次是实践性。这本书中后半部分收录的是他的个人手绘作品。从中我们看出，作者具有很强的综合能力，他对环境艺术的市场很敏感，在学术与市场之间，他也把握得很准确。其中有很多设计图是当时实际的工程设计，是他创意思维的综合体现。因而，这本书有很强的实践性和可操作性。最后是科研性。这本书为我们展现了众多大师的设计风格，以及相关流派介绍，从设计草图到完整的设计效果图都有着具体的条理分析，系统、准确又有着作者自己鲜明的观点。因此说，它对学生了解大师及理解设计内涵有极其重要的意义。在剖析了这么多大师的手绘作品之后，此书对同行的最重要的启发是，马克辛对"手绘"的理解不是那种表层的片面的理解。手绘，作为一种传统的设计表现语言，不仅不显得过时，反而应回到它最本源的目的，即表达设计思想，完善设计构思，传达设计理念。这也是本书重要的学术研究意义之所在。

从以上几个方面来看，在国内同类设计手绘表现的相关著作中，此书收集的资料如此翔实，角度如此独特，个人作品如此精到是十分少见的。最后，我衷心祝愿他在这个领域中能继续负重潜行，取得更大的成绩。

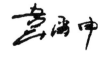

2006 年 4 月

序二
Preface 2

在我国环境艺术事业振兴和发展的道路上，我是一个积极的开拓者、一个热心的倡导者。几十年的风风雨雨，有众多的教育开拓者和从业人员，他们经历了无数次的失败和挫折。但也在失败中吸取了教训和积累了经验，这对增强我国的环境意识和推动"环境艺术设计"专业的振兴和发展，起到了积极的作用。

环境艺术设计在为人类创造健康、和谐、有序的工作和生活空间，它是一个美好的职业，也是一个创造美的事业。在这个领域中，我工作了40多年。但我很欣慰，看到了越来越多的年青人投入到这个行业当中，继续不断地探索和研究。从事这个行业的人们，都应该把人们的生活环境和人类的利益放在首位，无论面对的项目是大是小，只要它对生态有利，只要在营造一个可持续发展的环境，都应该以一个场地主人的思想来对待。

近十几年来，马克辛作为一位业内的从业人士，一直积极投入和活跃在国内建筑与环境艺术的舞台上。自投身于环境艺术设计学科的建设与发展以来，他努力把学科理论与设计实践相结合。在全国性学术交流中，观点鲜明、在教育与实践方面均有众多建设性设想，给同行们都留下了深刻的印象，成为全国同行业中较有影响力的东北地区代表人物，有着扎实的专业功底和理论体系。东北的地理环境对设计并没有优势可言，这就对在这一地区从事设计的人们提出了更大的挑战。马克辛在地域特征与设计手

法的结合上操作得比较完善，在他的设计作品中，带着东北风格的浑厚和大气，又不失精致与细腻。他在国内历届的行业大展中都取得了优异的成绩。同时，也体现了鲁迅美术学院学术和实践的团队实力，受到了一致认可和好评。

鲁迅美术学院的环艺系在全国的环境艺术设计专业中一直走在领先的行列，在建筑、室内、环境景观的创意思维与手绘创意表现等方面特点突出、旗帜鲜明，有着深厚的理论支撑和实践可操作性。我所了解和关注的鲁美环境艺术系是一个在专业设计上强劲、有力、务实的团队，也是一个很注重品牌与品质的团队，这些都与他作为学术带头人的直接领导和贯彻是分不开的。这一次，从书中看到马克辛对手绘的一次深入探索，他从手绘的历史发展、手绘的文化内涵以及手绘作为创意思维的表现载体等多个角度和层面对手绘进行诠释。他从手绘的宏观发展讲到与学科结合紧密的设计手绘，这是一次对创意思维与创意表现本质的挖掘和展示，也是对学科的发展的一次重大的贡献。

看过这本书稿，让我又一次看到了他对事业的投入、敬业的精神和高效的工作效率。作为一个同行、一个朋友，我衷心地祝福他在环境艺术设计的事业领域取得更大的成就，也希望他为中国这个新兴的行业发展作出更大的贡献，也希望我们所有爱好环境艺术事业的人们，共同打造一个有向心力的平台，相互协作地把这个事业做得更好。

张绮曼

2006 年 4 月

马克辛

1959 年 1 月出生于沈阳。
1982 年毕业于鲁迅美术学院，同年留校任教　现任鲁迅美术学院环境艺术设计系主任、教授、硕士生导师。

主要社会任职：
中国美术家协会环境艺术委员会副主任
国际 IFDA 室内装饰协会资深会员
中国建筑装饰协会设计委员会副主任
中国室内装饰协会设计委员会副主任
辽宁省大型城市规划专家咨询委员会委员
辽宁省高教委高级职称评审委员会委员

主要学术论著：
1998 年，主编《环境艺术设计手册》
2004 年，编写《中国室内设计师资格认证培训教材》
2005 年，编著《综合色彩训练新法》

主要获奖：
1997 年，沈阳《绿岛森林公园》规划及景观设计　获首届全国设计大展金奖
1999 年，大连《海之韵》广场景观及主题雕塑设计　获九届全国美展铜奖
2001 年，大连市主题地标建筑《绿之梦》方案设计获第三届全国设计大展金奖
2004 年，辽宁省移动通信公司大型不锈钢壁画〈源〉获全国首届壁画大展金奖
2004 年，金石滩主题公园获十届美展铜奖

前言
Foreword

从喜爱

到热爱

到关注

到专注

到投入

忘我的探索与研究

到反复的创作与实践

之后有了今天

在这里和大家共同探讨创意设计与手绘表现的话题

　　近些年，由于市场需求和设计师本身的需要，越来越多的人关心起手绘表现。对于图面效果的美观、线条运用的流畅、技法表现的娴熟、色彩搭配的和谐，人们各有注重。但这些就是手绘表现的全部吗？当然不是！用了多年的时间研究手绘，在本书中，我运用了大量手绘发展的历史资料、手绘的理论资料、工程案例以及大师用手绘方式进行建筑、景观创意设计的经典实例来和大家一同探讨手绘表现的深层意义和本质内涵。

　　一部手绘的进化史，记录了人类文明的发展。它在用一种艺术的手法和独特的语汇，记载着历史的变迁，传承着文化的脉络……

　　手绘是艺术表现形式中的一种。对于设计师，手绘表现是他们独有的设计语言。它不仅仅是色彩、构图、笔触、线条的被动苛求，更不只属于形式美学和视觉艺术范畴。它是文化的一次沉淀；是创意思维的表达；是创作思路的表现；是创意思考时，笔间的自然流露；更是一种随着设计的深入而进行的再创作。

　　在全国范围内，就手绘表现而言，我可能并不在高手的行列中，也谈不上与大师的手绘相提并论，但就创意手绘实践的经验而论，我却有着一份自信，特别是从手绘学术研究的角度而言，我的一些观点、思想、视角、切入点和经验的积累，是比较现实、客观的，也比较深入、全面，并有着实际意义和借鉴价值。

　　对于书中我的一些作品，其实有一些我还并不是很满意，视觉表现上可能也有不少缺点，但它们却是瞬间完成的。有些是教学中，学生们出的创作题目；有些是实践中的工程实例；有些是方案讨论时，学生的一个设计"想法"。多数作品都只不过三、四个小时的一气呵成。与其说它们是一个个手绘表现作品，还不如说是创意表达之作。我在作品中是在表达对创作内容的思考和对文化挖掘，更多的是在记录着我创意、组织、推敲、艺术处理的全过程。有时，我会开玩笑地说，手绘创意就像国画的写意作品一样，从一张白纸开始，一挥而就，在于一次思考、一种创作，而非技法的罗列。

　　和我一样喜爱手绘创意的朋友们，在本书中你可以寻找到手绘意义的真正所在，更会发现，其实你是可以放下长期以来片面追求技法表现的包袱，让手绘自由地表达"想法"；它不仅仅是美术学院的"专利"，凡是关注手绘发展、热爱手绘艺术、喜爱环境艺术设计领域的朋友，都可以通过手绘来表达出自己的创意思维，我将带你用一种更单纯、更本质的眼光去看待手绘创意，而不只是关注表象；你也将发现，手绘中，除了色彩、构图、技法之外还有更值得重视的东西——用手绘图真正去诠释出你的创作思想、文化底蕴、设计理念、思维过程和项目的分析理解、材料的使用、工程节点的施工工艺……这些才将是手绘创意的本质所在。

目录
Contents

序一 —————————————————————— 4

序二 —————————————————————— 6

前言 —————————————————————— 9

第一章　手绘艺术的历史回顾 —————————————— 12

　　第一节　图示语言与人类文明 ———————————— 14

　　第二节　图示语言促进早期科学技术发展 —————— 17

　　第三节　透视学与照相术的产生 ———————————— 28

　　第四节　手绘的应用领域及功能 ———————————— 31

　　第五节　建筑师与艺术家的分离——建筑画的辉煌时代 —— 36

第二章　建筑大师与手绘表现 —————————————— 40

　　第一节　古典建筑的总结和新建筑思想萌发 —————— 42

　　第二节　手绘是创意设计的灵魂 ———————————— 54

第三章　手绘创意设计的内涵 —————————————— 116

　　第一节　手绘表象后的丰富内涵 ———————————— 118

　　第二节　手绘创意的过程分析 ———————————— 118

　　第三节　掌握快速创意设计的技术与方法 —————— 119

第四章　手绘表现分类与赏析 ——————————————————— 130

  第一节　创意手绘表现的分类与比较 ——————————— 132

  第二节　优秀表现图欣赏 ———————————————————— 134

第五章　马克笔手绘快速设计研究与实践 ———————— 156

  第一节　马克笔的简介 ————————————————————— 158

  第二节　马克笔快速手绘设计表现 ——————————— 158

  第三节　马克笔应用的技巧 —————————————————— 159

  第四节　马克笔手绘创意设计图过程分析 ——————— 160

第六章　诠释手绘创意的总结 ——————————————— 218

  第一节　沿着大师的足迹 ———————————————————— 220

  第二节　手绘表现自然流放；手绘创意至高无上 ——— 220

  第三节　快速创意表达有无限的应用与发展空间 ——— 220

  第四节　诠释手绘创意设计综述 ——————————————— 221

后记 ————————————————————————————————— 222

参考书目 ——————————————————————————————— 224

1

第一章　手绘艺术的历史回顾
Historical Review of Hand-drawing

第一节 图示语言与人类文明
第二节 图示语言促进早期科学技术发展
第三节 透视学与照相术的产生
第四节 手绘的应用领域及功能
第五节 建筑师与艺术家的分离
　　　　——建筑画的辉煌时代

第一节　图示语言与人类文明

1.1　图示语言与人类生活

　　人类的图示语言始自原始社会石器时代，原始人在岩壁上刻下他们的信仰和种种生活印迹：狩猎、游牧、战争、怪异的人头像、手印、蹄迹……，各类岩画清晰地记载了当时人类社会的生活瞬间，为人类了解自己的过去提供了重要的依据。岩画等古代图示语言经过长时期的演变、发展，对象形文字的出现起到了重要的推动作用，人类文明由此翻开了新的一页。

1.2　图示语言与宗教信仰

　　宗教信仰、地理位置等是人类文明发展的重要因素。在众多的宗教活动中，图示形象语言扮演着重要的角色，以其快捷、直观、形象的特点向人们传达了丰富的宗教及文化信息。

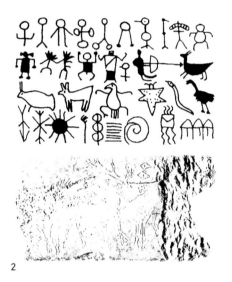

2

3

5

1　澳大利亚原住居民的岩窟绘画
2　北美印地安人在史前的岩洞壁画
3　西班牙原始岩画
4　中国公元前 1300 年的甲骨文
5　马　法国拉斯科洞窟　旧石器时代晚期

4

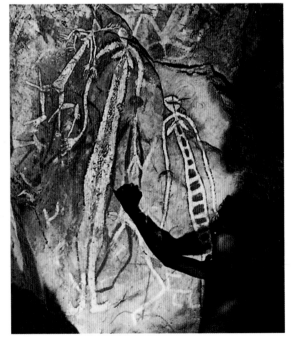

1

1

2

3

4

1 努托尔抄本中描述统治者"八鹿"故事的一部
　分　公元 1011～1063 年　现存于伦敦大英博物
　馆
2 波尔吉亚抄本的一部分　14～16 世纪　现存于
　罗马的梵蒂冈图书馆
3 阿图巴与奥西里斯　代尔巴赫里王后谷
　约公元前 1279～公元前 1212 年
4 内巴门墓穴壁画　约公元前 1400 年　现存于伦
　敦大英博物馆
5 船　锡拉岛　约公元前 1650 年　现存于雅典国
　家博物馆

5

1 特林基人雕刻彩绘的屋梁柱　费城宾夕法尼亚
　大学博物馆藏
2 西北海岸区特林基人的奇卡手绘毛毡　现存于
　俄勒冈波特兰博物馆
3、4 特洛伊的掠夺　布瑞戈斯作　红绘陶杯　约
　　公元前490年　现存于法国巴黎卢佛尔宫
5 古希腊艺术,安纳拉托斯画家的一件阿谛加原初
　期酒瓶　约公元前690年

第二节 图示语言促进早期科学技术发展

2.1 设计师具备全面素质

　　工匠、画师、雕塑家、设计师听起来好像有很大的区别，而这些人却有着共同的特点，他们都是用图示语言传递个人思维意向，也就是通过形象的图形表现自己的设计意向。设计师具备良好的图形表达能力，甚至高超的艺术修养以适应早期落后的生产力状态。设计师全面素质的提高促进了早期科学技术的发展。

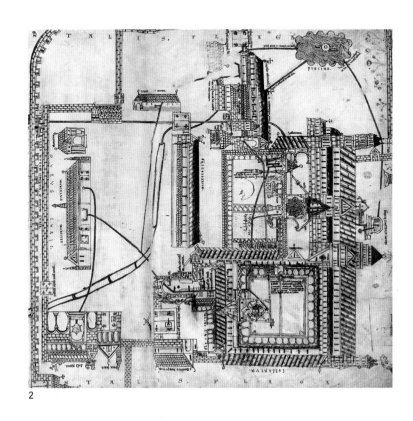

1　公元前16世纪　巴比仑通天塔
2　坎特伯雷基督教东尼迪克修道院鸟瞰示意　（现存最早的给水排水线路设计图）　约1160年
3　博斯普斯海峡两侧的金角湾　16世纪绘制
4　意大利帕尔马诺瓦城的城防工事图　16世纪90年代

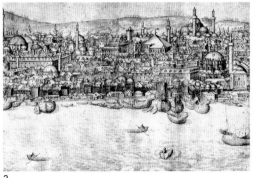

2.2 图示语言与工程技术

　　中国古代的著名文献《考工记》、《营造法式》等书籍以图示语言的形式大量地记载了当时的施工工艺，虽然很多令人叹为观止的建筑已不复存在，但正是这些关于建设施工的图示纪录，使我们对当时的建筑设计与建筑群的整体构思，包括环境的配置、风格的发展有了更多的了解。

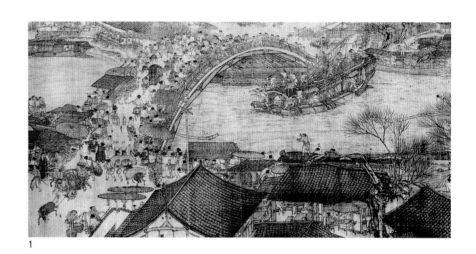

1 清明上河图　北宋　张择端　现存于北京故宫博物院
2 伦敦全景图　1588年
3 《营造法式》节选
4 佛罗伦萨　皮蒂宫　16世纪
5 伦敦建筑剖面图　1774年
6 兴庆宫布局图　唐

18

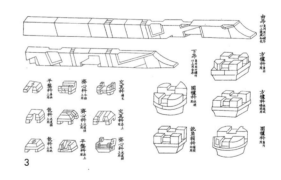

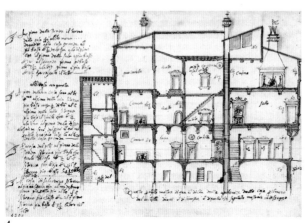

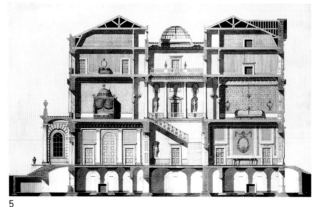

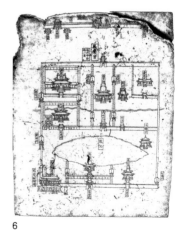

西方的很多木刻与绘画作品也反映了当时的施工与建造技术，如1160年坎特伯雷修道院、基督教东尼迪克修道院的排水系统图；16世纪德国的描绘矿井内运输、排水及通信系统的木版画；城防工事图等，这些珍贵的图示资料不但具有很高的史料价值，同时其高超的绘画水平也是令人叹为观止的。

1 "决心号"附加甲板设计图
2 用来做雕塑装饰的摹本 一个卧在地上的基督象征着精疲力尽 维拉尔·德·奥诺古尔 法国
3 维拉尔·德·奥诺古尔 法国 1220～1235年间绘制的草图
4 公牛雕像 拉翁大教堂塔楼的草图 维拉尔·德·奥诺古尔 法国
5 用来说明敲钟机的原理的设计图 维拉尔·德·奥诺古尔 法国

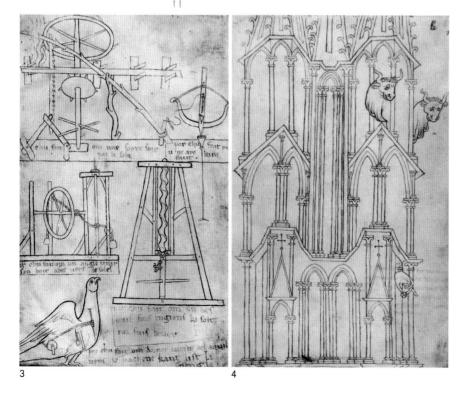

1
3
4
5
2

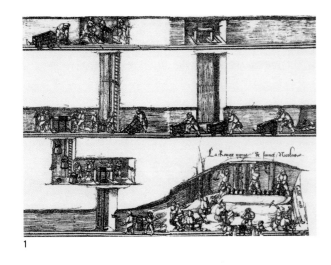

1 德国雕刻　表现的是开采矿石的运输方法得到
　了改进　16世纪
2 木刻　阿格瑞克拉绘制　德国矿物学家　表现
　的是采矿中的排水和通风系统　16世纪
3 关于眼睛与大脑关系示意图　15世纪阿拉伯医
　生绘
4 小牛下颌部神经节　劳德·伯纳的解剖　法兰西
　学院
5 18世纪末人们认知的肠道系统　1768年

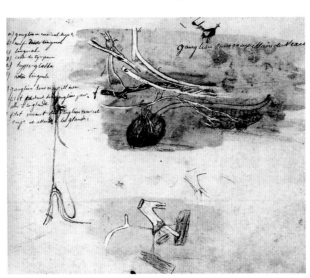

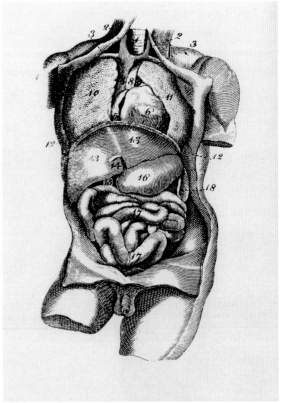

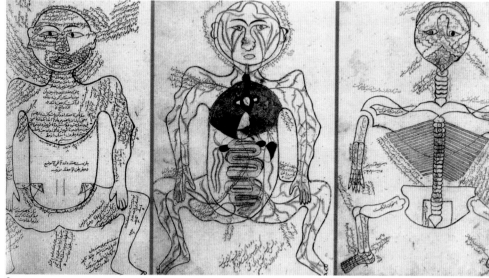

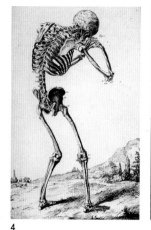

1 荷兰莱顿的解剖馆　1610 年

2 15 世纪人体解剖图　阿拉伯医生绘

3 人体的构造　维萨里

4 骨骼组织　肌肉组织

2.3 集建筑师、雕塑家、艺术家于一身的大师

　　达·芬奇作为文艺复兴时期卓越的代表人物,他的成就和贡献是多方面的。他不仅是一位天才的画家,还是数学家、科学家、力学家和工程师。他不仅擅长绘画、雕塑、建筑房屋,还发明武器,设计过世界上第一架飞行机。他又是医学家、音乐家和戏剧家,而且在物理学、地理学等其他学科的研究上也很有成就。

1　自画像　达·芬奇
2　铸造大炮的作业程序　达·芬奇
3　蒙娜丽莎　达·芬奇　约1504年

1

2

3

1 射石炮 达·芬奇
2 最后的晚餐 达·芬奇 1495～1497年
3 马车形车辆 达·芬奇
4 军事用具——最早的坦克 达·芬奇

1

2

3

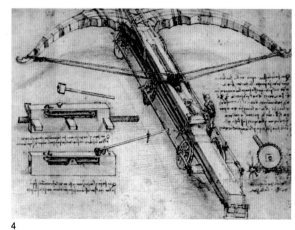

4

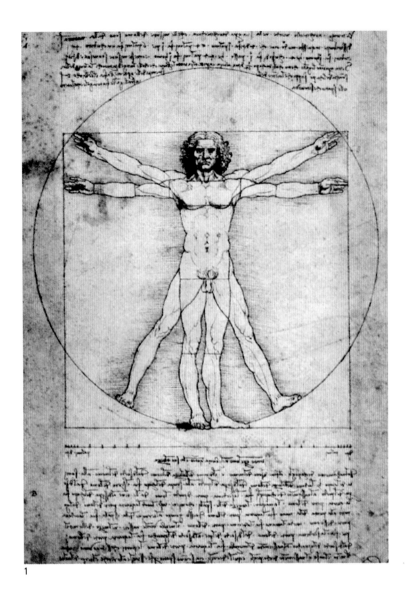

1

2

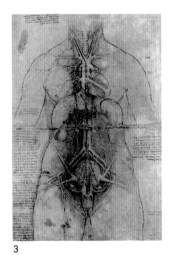

3

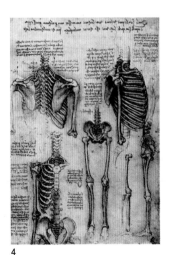

4

1 方圆内的人体比例(Canon of Porportions) 达·芬奇
2 东方三博士的礼拜 速写习作
3 男子人体器官解剖图
4 骨骼解剖图

1

1 米开朗琪罗
2 加固城堡保护佛罗伦萨城入口说明图
  米开朗琪罗
3 教皇朱理二世陵墓重建草图 米开朗
  琪罗 1513年
4 大卫 米开朗琪罗 1501～1504年

　　米开朗琪罗是众所周知的集画家、雕塑家和建筑家于一身之人。他作为文艺复兴时期的巨匠，以超越时空的宏伟大作，在生前和后世都造成了无与伦比的巨大影响。他和达·芬奇一样多才多艺，集雕刻家、画家、建筑家和诗人于一身。

　　米开朗琪罗的艺术不同于达·芬奇的充满科学的精神和哲理的思考，而是在艺术作品中倾注了自己满腔悲剧性的激情。这种悲剧性是以宏伟壮丽的形式表现出来的。他所塑造的英雄既是理想的象征又是现实的反应。这些都使他的艺术创作成为西方美术史上一座难以逾越的高峰。

　　如今再要列举艺术家兼建筑家的范例自然不似古代那样唾手可得，然而建筑家兼画家的情况在现代建筑领域里面也绝非凤毛麟角。

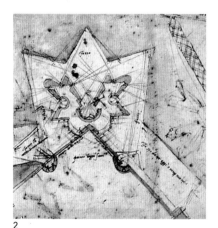

2

3

4

1

2

1 最后的审判　米开朗琪罗
2 罗马首都广场　米开朗琪罗　1569年
3 米开朗琪罗以模型向教宗保罗四世解
　释圆顶的设计
4 圣彼得教学圆顶的木制模型　米开朗
　琪罗
5 圣彼得教堂圆顶的木制模型　将整个
　模型对半拆开可体验双层的结构与内
　部空间感　米开朗琪罗

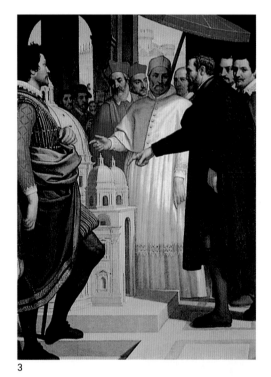

3

4

5

1 摩西　米开朗琪罗　1547 年
2 梵蒂冈西斯廷礼拜堂天顶壁画　米开朗琪罗
3 创造亚当　米开朗基罗　1510 年
4 圣母怜子　米开朗琪罗　1498～1499 年

1

2

3

4

第三节　透视学与照相术的产生

3.1 图示语言——从思想到现实的纽带

绘画从古至今不但是设计师思想的体现，同时对艺术作品的实现也起到了不可估量的作用。为了把设计概念变为真实的、物质的形象，设计师通过大量的草图、表现图等图示语言与施工工匠密切配合，完成设计。

在建筑和规划方面越来越需要一种准确的科学视觉依据来更客观地完成设计师的预想图，以指导工匠完成整体设计，使理想变成现实。文艺复兴后期，德国艺术家丢勒借鉴前人经验，经过深入研究，在中心投影（透视学）研究方面取得了较大的成就，从而奠定了透视学的基础，为图示语言走向客观化、科学化提供了科学保障。在此受益最深的当属建筑师，有了理论依据使他们能更客观地表达自己的设计主张。

28

▲蛋版油畫「基督受鞭」圖，1460年左右由皮羅·法蘭西斯卡繪製，58×82公分；現藏於烏爾比諾的國立三月畫廊。

▶透視法：若照傳統，基督應在逐漸消失的部位（左），皮羅運用透視法，結果那些地方竟出現在料想不到的部位（右邊）。

和他的僕從在佛羅倫斯（公元1438～1439年）參加一次統一會議所穿的非常相像，我們看菲拉瑞特在羅馬聖彼得教堂銅門上所刻的圖像就知道了。皮羅年輕時曾在佛羅倫斯求學和工作，他可能親眼目睹過。教皇皮亞斯二世（Pius II）爲1453年土耳其人征服康士坦丁堡而在1459年召開的曼圖亞會議可能是另一項來源。

▶重製的「基督受鞭」現場平面圖顯示各人物的位置（取自西元1953年「瓦的柏科陶爾學會會刊」第16冊294頁羅特考和卡特的文章。

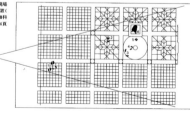

5

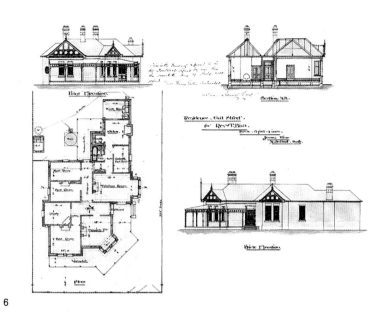

1、2 研究透视的版画　丢勒　约 1538 年
3 维也纳城市规划图　版画　1873 年
4 哈佛大学　风景版画　作于 1725 年
5 基督受笞　皮耶罗·德加·弗兰切斯卡
6 澳大利亚伯斯居民设计　1900 年左右
7 新阿姆斯特丹的景象　17 世纪 50 年代
8 文艺复兴时期的城市　1500 年　作者不详
9 柏林市中心　版画　1780 年
10 纽约克利斯托尔宫展览的景象　1853 年
11 1900 年的巴黎　（该作品准确地反映了人
　们惊讶于电的宫殿所展现的耀眼的光芒）
12 英格兰伯明翰鸟瞰图　1886 年

6

7

8

9

10

11

12

3.2 建筑师与艺术家的分离

  随着时代的不断前进,人们的社会分工也日益精专。1839年法国画家达盖尔发明了银版摄影法。照相术以更客观,更便捷的方式再现客观世界。随着照相机的进步与发展,照相术的应用范围也随之扩大,不仅用于日常生活、文化艺术,还用于科研生产等领域。

  透视学和照相术产生发展成为各学科相互独立发展的媒介和催化剂,同时各方面各学科的图示语言为人类发展承担各自的作用。

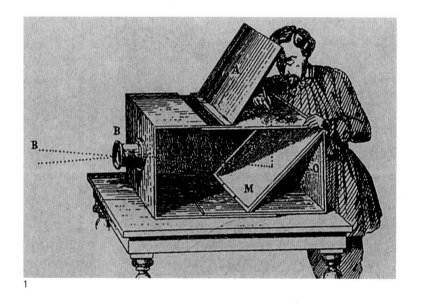

1 欧洲19世纪发明的箱式摄影机的结构和原理图
2 尼伯斯拍摄的第一张肖像照片 （安布鲁斯红衣主教） 1822年
3 世界第一张人体摄影
4 相机（暗箱） 雕刻板 19世纪初期

1

2   3   4

第四节 手绘的应用领域及功能

4.1 照相术的产生成为视觉学的里程碑

照相不仅为人们留下了永不磨灭的记录，同时也对图示语言的应用产生了巨大的影响，使得纯粹的绘画表现与手绘建筑预想等多方面的实用表现作品开始走向分离。在这段时期里，纯粹的绘画逐渐走入了博物馆、画廊，从而成为满足人们精神需要的产物。而实用图示语言的代表——建筑画则伴随着时代的发展离我们的生活越来越近。

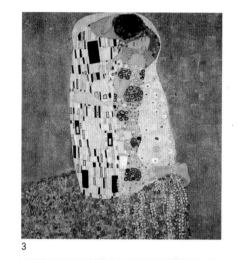

1 百老汇爵士乐 蒙德里安 1942～1943年
2 生日 夏加尔 1915年
3 接吻 克林姆特 1909年
4 太阳下的人与狗 米罗 1949年
5 西班牙内战预告 达利 1936年

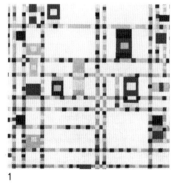

1 大碗岛的星期日下午　修拉　1884～1885 年
2 亚威农的姑娘　毕加索　1907 年
3 国王的悲伤　马蒂斯　1952 年
4 纯艺术进入美术馆

1

2

3

4

4.2 种类繁多的图示语言

　　这些图示语言伴随着人类几千年的历史发展至今，已有了非常繁多的种类与分支，从民间彩画、剪纸到戏曲脸谱，从儿童漫画到医学插图，从航天科技分析图到地震分析图，其中与人类生产、生活最为接近的当属建筑手绘表现。

4.3 建筑手绘表现的应用领域及功能

　　建筑专业人士沟通设计思想，表现图是最有说服力的工具。它表现的对象可以大到一座城市，小到一个细部，目的都是为了反映建筑的实际效果。作为一个实用的工具，在完成最终设计之前，设计师用它来推敲方案形体的加减和重组，以及材料和总体布置。作为表现设计构思的工具，它让设计师在充满想像力的理想世界中翱翔。

　　几个世纪以来，徒手画，平、立、剖画三视图和渲染图一直是最传统的表现方式。如今，计算机绘图以其自身的优势，对传统绘图提出了挑战。在一定程度上，这是时代的选择。我们必须意识到，在推敲建筑构思的过程中，所运用的技法对设计结果有重大影响。

　　徒手草图记录了方案设计的全过程，常常只有作者自己能理解，凝聚着创作过程中那些纯粹的想法。从某种程度上讲，徒手草图是设计的监督，在有一些不协调和不恰当的因素干扰构思时，能够提醒设计者注意保持构思的整体性。

1

2

3

4

1 敦煌莫高窟 419 窟　隋
2 唐卡　西藏
3 剪纸　陕西旬邑县　库淑兰
4 武门神　山东

1 大钟寺八角亭梁枋旋子彩画
2 中国传统八角藻井
3 印第安彩绘
4 陇县社火脸谱　陕西
5 手绘纹身

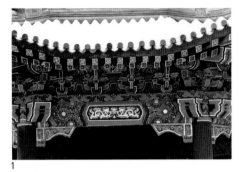

1

2

34

3

4

5

1 一个人需要多少土地　Elena Abesinova　1994 年

2 百年老城　Elena Abesinova　1994 年

3 人体器官组织示意图　吉里安诺·佛尔纳里

4 地壳震动示意图　理查·庞生

5 《宇宙星图集》阿丽亚娜运载火箭的功能剖析　鲁
　西安诺·柯贝拉

6 尼罗河科普图解

1

2

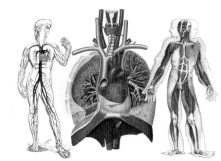

3

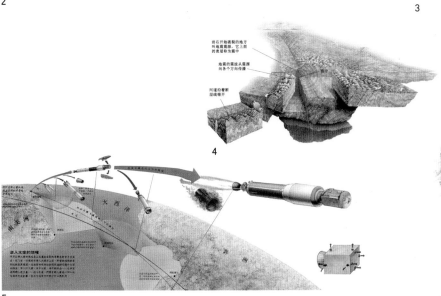

4

5

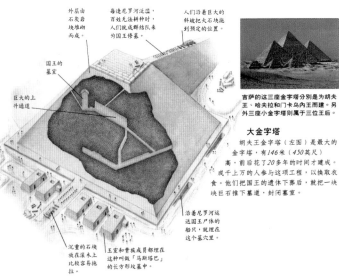

吉萨的这三座金字塔分别是为胡夫王、哈夫拉和门卡乌内王而建。另外三座小金字塔则属于三位王后。

大金字塔

胡夫王金字塔（左图）是最大的金字塔，有 146 米（450 英尺）高，前后花了 20 多年的时间才建成。成千上万的人参与这项工程，以换取衣食。他们把国王的遗体下葬后，就把一块巨石推下墓道，封闭墓室。

6

第五节　建筑师与艺术家的分离——建筑画的辉煌时代

建筑画的辉煌时代

建筑是凝固的音乐,是无言的史诗,它以一种深厚的艺术感染力,传达出独具特色的思想文化内涵,成为人类社会时代精神的印记。自古至今,不同历史时期的建筑大师以他们近乎荒诞的天才手法,向世人讲述了一个个生动传奇的建筑梦想,而这个梦想的核心就是中国儒家哲学所提倡的"天人合一"。

通过建筑大师的设计作品及手绘表现,我们更清晰地了解建筑设计与手绘发展的脉络以及不断发展的建筑理念。这些建筑大师的作品生动怪诞,精彩纷呈,传递出不同时期特定的文化精神和艺术主张,昭示了建筑多元发展的方向。我们在展示这些建筑大师的代表作品的同时,更关注这些伟大作品设计灵感的来由,以及建筑师非凡的精神烙印,努力发掘大师背后那些鲜为人知的故事。

终身未娶的西班牙人高迪一辈子近乎穷困潦倒,但却是一个精神的贵族,他一生都在追寻并塑造着上帝赐予的"美丽曲线";美国人赖特出生在一个传统的宗教移民家庭,一生与4个女人结缘,其放荡不羁的性格,渗透在他洒脱、伸展、自然而高贵的草原式作品中;日本建筑师安藤忠雄凭借着"拳击手"的智慧与韧性,让清水混凝土扬名于世;普利茨克奖历史上最年轻的女性得主哈迪德以离经叛道的表现图遭到非议,但是却改变了建筑几何学的方向,成为指引未来建筑的"模糊语言"……

对建筑师来说,草图常常是愉悦的探索过程,像高潮之前的序曲一样,随着建筑趋向均衡,接近完美而令人欢欣鼓舞。草图常常以独一无二、无法替代的方式呈现作者的内在构思。它有其内在的逻辑,可以指导人们接近真实的想法。

正如本书展示给我们的这些精彩动人的范例一样,手绘表现图是一种强大的视觉交流手段,直到今天,仍然是传达建筑及环境艺术真谛的最有效工具。

1

2

1 巴黎歌剧院包厢入口　Charles Garnier　1880 年
2 巴黎歌剧院楼梯入口细部　Charles Garnier　1880 年
3 巴黎歌剧院大厅室内　Charles Garnier　1880 年
4 巴黎歌剧院室内藻井细部　Charles Garnier　1880 年

3

4

1 曼哈顿河东岸局部立面　Francis S. Swales
　　1920～1930 年
2 朱塞佩·加利·比比埃那纳——剧场舞台设计
　　1740 年
3 巴黎歌剧院楼梯细部　Charles Garnier　1880年
4 巴黎歌剧院大厅室内拱廊细部　Charles Garnier
　　1880 年

1

2

3

4

第一节 古典建筑的总结和新建筑
　　　思想萌发
第二节 手绘是创意设计的灵魂

2

第二章　建筑大师与手绘表现
The Architectural Masters and
Hand-drawing Representation

第一节 古典建筑的总结和新建筑思想萌发

文艺复兴以后，民主思想日益深化，新兴资产阶级在经济上政治上日趋成熟（相反神权、封建势力渐进烟消）新兴资产阶级作为新生产关系的代表，在政治上极力争取自己的地位。这种情况在建筑上体现犹为明显。

他们极力寻找代表民主思想的客观存在，体量巨大、存在时间长久、能体现民主思想的古典建筑成为他们寻求的对象（企图摒弃王权贵族，摒弃他们创立在神权下的陈年旧俗）。

另一方面，由于新大陆的发现，世界贸易的扩大，科学技术的发展，他们不断地在本土以及殖民地区开发建设体现自己阶级思想的建设——古典建筑。随之而来是对古典主义建筑的重新认识和深化理解，以科学的态度对古希腊、罗马时期的建筑进行美的总结和探求，甚至从更多种建筑风格中去吸收营养。

进入19世纪中后期"太阳中心说"、"进化论"等科学理论日新月异，整个社会趋向百家争鸣的非凡时期。他们不再满足对古典主义建筑的简单抄袭与模仿，他们需要更广泛、更能满足个人需要物质精神产物去满足自己。随之而来的是新艺术文化运动，他们除了从古典主义建筑吸取营养之外也从客观生物之中寻求精华……他们从鹦鹉螺的曲线中发现定律，也从飞虫的形态比例中探求美！

美国建筑师 Gunnar Birkerts 讲解设计

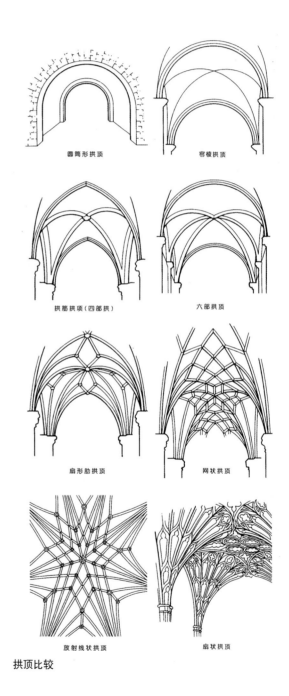

圆筒形拱顶　　　　穹棱拱顶

拱筋拱顶（四部拱）　　六部拱顶

扇形肋拱顶　　　　网状拱顶

放射线状拱顶　　　扇状拱顶

拱顶比较

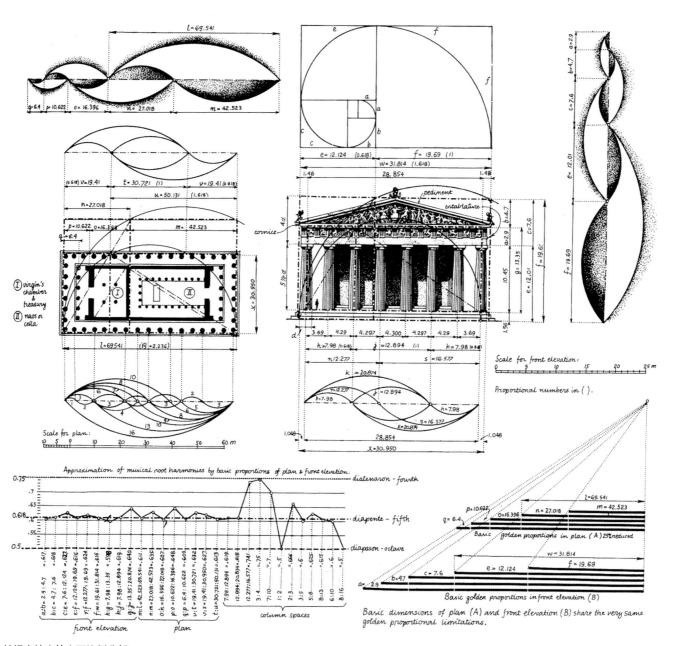

帕提农神庙的立面比例分析

1

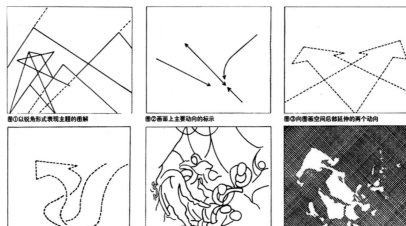

图①以锐角形式表现主题的图解　图②画面上主要动向的标示　图③向图画空间后部延伸的两个动向

图④贯穿图画空间的前进动向　图⑤弯曲和交错的图形　图⑥明暗对比的形式

2

1 《刺瞎参孙》　伦勃朗 1636
2 《刺瞎参孙》　做分析思考构成原理的相
　互关联
3 罗马圆形竞技场的比例分析　公元 72～80 年
4 飞虫的比例分析　建筑师帕拉第奥　文艺复
　兴时期
5 山花顶式
6 涡螺装饰

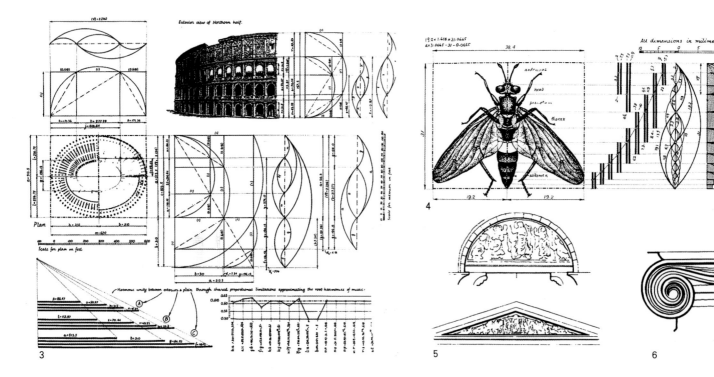

3

4

5

6

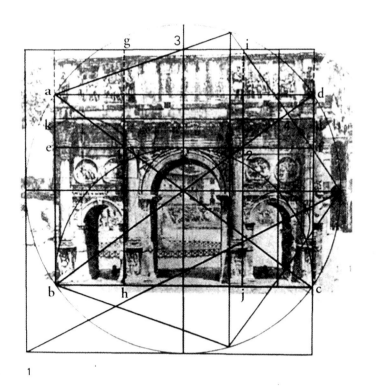

1

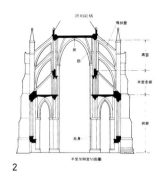

2

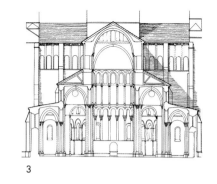

3

1 黄金分割——君士坦丁凯旋门解析
2 克吕尼教堂本堂及侧堂切面图
3 克吕尼教堂半圆殿及过廊的横断面图
  约12世纪中期
4、5 爱奥尼柱式分析

4

5

1 建筑展览会海报　贝伦斯　1906 年
2 荷兰建筑家劳威里克创造和利用几何
　图形的按比例分割和组合的体系显示
　早期的构成主义倾向
3 科林斯柱式分析
4 多立克柱式分析

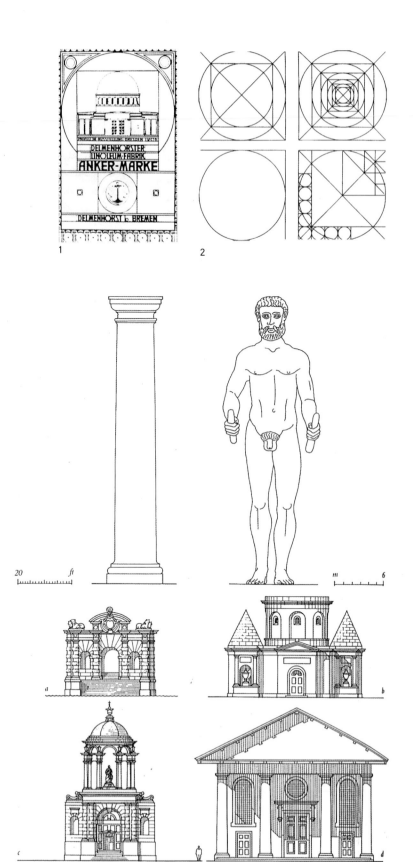

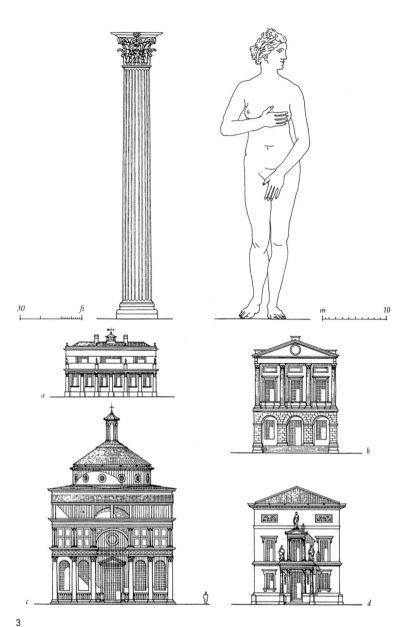

46

1

2

3

4

在科学技术上（第二次产业革命前期）建筑思潮涌动，利用新科技，新材料，新思维观念创造出了代表时代特色的建筑，如埃菲尔铁塔，英国水晶宫等。是在这种思潮下的产物。

1

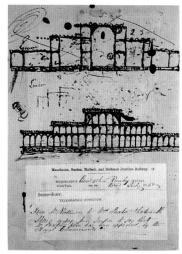
2

3

4

5

1 水晶宫设计者约瑟夫·帕克斯顿像
2 水晶宫设计草图　1850～1851 年
3 水晶宫内景图
4 水晶宫鸟瞰图
5 水晶宫外观图

在思想上，不仅仅拘泥古典主义。以高迪为例，其作为新艺术运动风格派是自然中寻发灵感，以浪漫主义的幻想极力使塑性建筑渗透到三维的建筑空间中去，还吸收东方伊斯兰的韵味和欧洲哥特式的建筑特点，再结合自然的形式精心刻画自己的有隐喻性的塑性建筑。新艺术运动之后，折中主义思想已不能满足需要。装饰风格出现：如美国纽约曼哈顿港口的洛克菲勒中心，帝国大厦等。之后现代主义思潮成为当时建筑业的主流。众多的建筑拔地而起，这时建筑大师们通过奇妙的思维，精心的构想，严谨的科学作风，创造了大量不朽的建筑作品。从他们的设计图纸和草稿中，我们可以解读大师思想，体会大师作品的深刻含义。尤其是从大师的设计草图、建筑表现图中我们可以清晰解读他们的整体创作思路，从而了解和学习他们的思想思维……

1

2

3

4

5

1 安东尼奥·高迪 1852～1926 年
2 圣家族教堂 1883～1926 年
3 圣家族教堂细部
4 圣家族教堂手稿
5 圣家族教堂细部

1 巴特罗公寓 安东尼·高迪设计 1904～1906 年
2 巴特罗别墅立面图
3 巴特罗别墅立面图、剖面图
4 巴特罗别墅的室内空间
5 巴特罗公寓屋顶局部

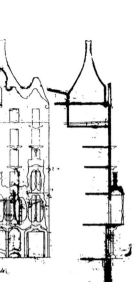

1

1 圣家族教堂顶部
2 米拉公寓　1906～1910 年
3 米拉公寓立面效果图
4 1876 年高迪学生时代所绘的 Embarkation 码头桥梁
　立面图（之一）
5 1876 年高迪学生时代所绘的 Embarkation 码头桥梁
　立面图（之二）
6 高迪大学毕业时的设计——大学礼堂内部透视图
7 高迪大学毕业时的设计——大学礼堂的剖面图稿

4

2

3

5

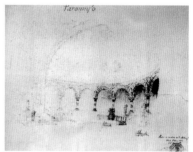

6

7

1

3

2

1 科洛尼亚教堂立面图
2 格尔公园中的中央公园长椅
3 科洛尼亚教堂细部
4 人类学哲学学院的示意标准图
5 贝尔斯加特教堂立面图
6 保罗教堂剖面图

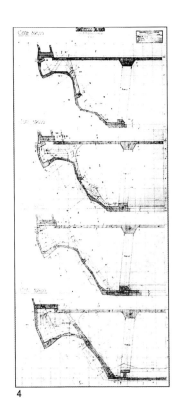

4

5

6

1　赖特　1867～1959 年
　　生于美国威斯康星州
2　流水别墅剖面图
3　流水别墅剖面图
4　流水别墅地形图
5　流水别墅实景照片
6　流水别墅手绘草图
7　流水别墅立面／平面图
8　流水别墅立面／平面图

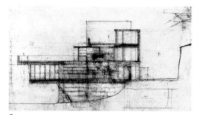

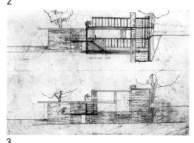

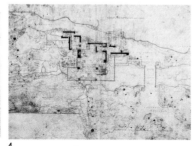

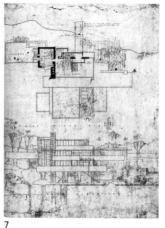

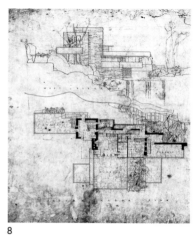

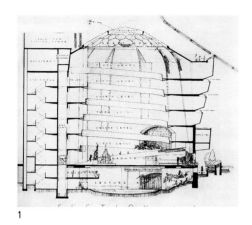

1

1 纽约古根海姆美术馆剖面图
2 纽约古根海姆建筑外观
3、4、5 纽约古根海姆美术馆平面图

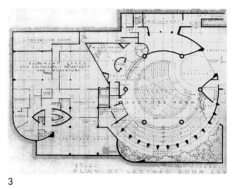

3

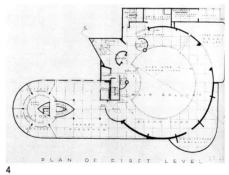

4

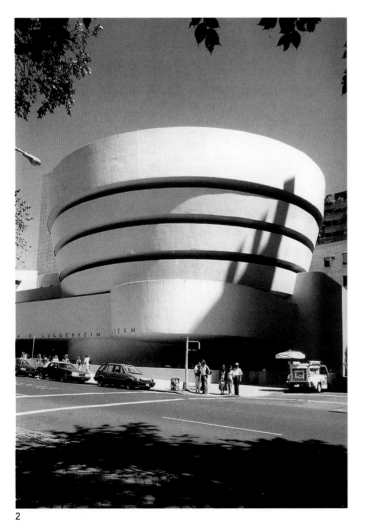

2

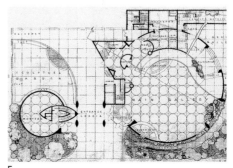

5

第二节　手绘是创意设计的灵魂

2.1　解读手绘本质

在学习和研究建筑大师思维时，我们首先要了解他们的设计作品，尤其需要研究的是他们在前期设计过程中的能体现该作品深刻含义的手绘草图和表现图。从这些作品中我们可以完全体会建筑大师们奇妙的建筑思维和高超的建筑思想，在此之前我们需要了解一下手绘图的本质。手绘是建筑师独有的创意设计语言。色彩、构图、笔触、线条是手绘的构成要素，却不是手绘的根本。手绘不只属于形式美学和视觉艺术范畴，它是文化的沉淀，是在表达创意思维、表现创作思路，是随着设计的深入而进行的再创作。

大师在进行创意设计时，更多关注的就是手绘的本质。他们的手绘稿很多都是简洁的线条、简单的几何体、色块以及明暗关系的构建，他们不会苛求技法的娴熟或笔触的流畅。

很多著名的建筑大师都深刻理解了手绘的本质并以一种"本质"的方式让手绘为创意服务。现代建筑师中的一位狂飙式人物——勒·柯布西耶（Le Corbusier，1887～1966，瑞士）。从他的建筑创意手绘中不难看出，他有着极强的反传统思想。他对住宅提出了新的理念，他说："住房是居住的机器"。在他的创意中体现出他的观点"现代生活要求房屋和城市有一种新的平面，而平面是由内而外开始，外部是内部的结果"。在勒·柯布西耶的创意表现中，他经常运用几何形体，他说"原始的形体是美的形体，因为它使我们能清晰地辨识"。在他的创意手绘中充分的体现了建筑的艺术性，他作为一个建筑大师，不像工程师而更像一个艺术家。他的手绘不拘泥于刻意的"表现"。简单的直线、曲线、几何形，便勾勒出后人为之称赞的不朽之作——朗香教堂的创意雏形。

1　勒·柯布西耶　1887～1965年
　　代表作品：拉吐亥修道院
　　　　　　　萨伏伊别墅
　　　　　　法国　朗香教堂
2　朗香教堂周边地形图
3　朗香教堂最初草图
4　朗香教堂草图
5　朗香教堂草图
6　朗香教堂外观图

2

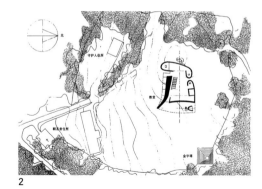

3

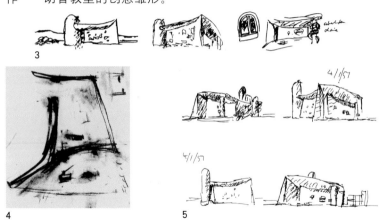

4　　　5

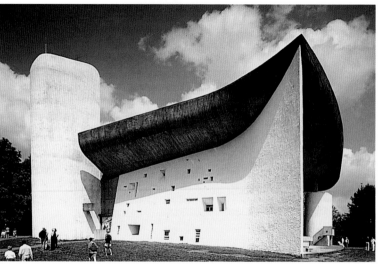

6

54

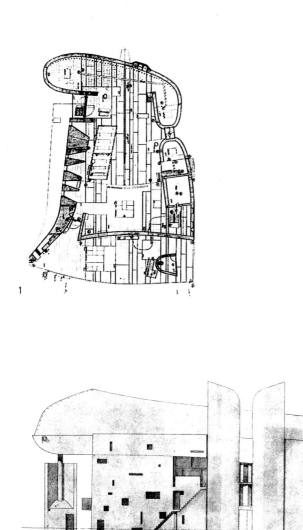

1

1 朗香教堂平面图
2 朗香教堂北视轴测图
3 朗香教堂北立面正视图
4 朗香教堂东立面效果草图
5 朗香教堂后立面外观
6 朗香教堂剖面图

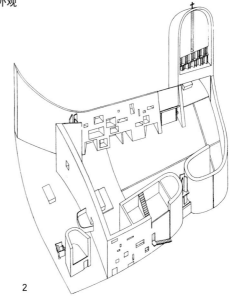

2

3

4

5

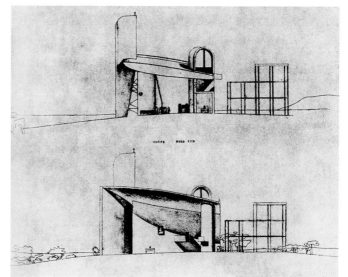

6

1

1 朗香教堂室内
2 雨水池的平面和剖面图
3 朗香教堂南立面内侧正视图／南立面某一段
  的剖面图
4 朗香教堂内部窗孔洞排列
5 朗香教堂草图

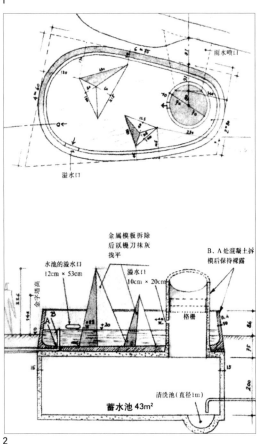

雨水喷口

溢水口

金属模板拆除
后以镘刀抹灰
找平

B、A处混凝土拆
模后保持裸露

水池的溢水口
12cm × 53cm

溢水口
10cm × 20cm

格栅

清洗池(直径1m)

蓄水池 43m²

2

3

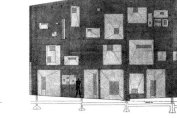

4

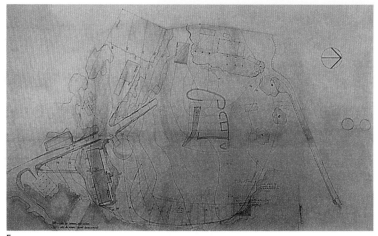

5

1 修肯（H·Schocken） 对朗香教堂产生无数遐想
2 面的分割和积聚
3 面的分割和积聚
4 模数

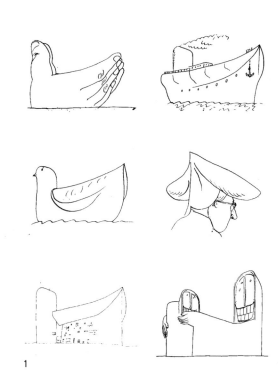

1

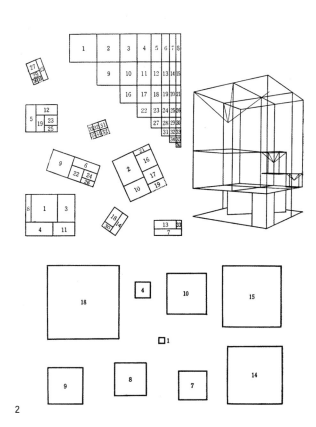

2

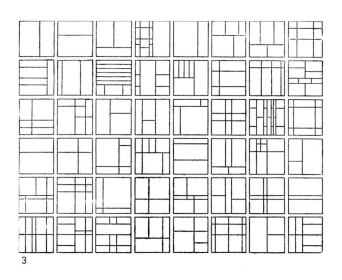

3

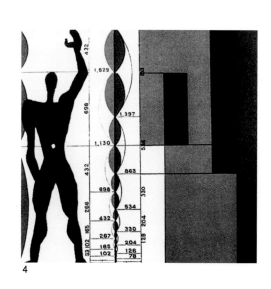

4

2.2 创意来源于观念与理性思考

荷兰著名艺术家埃舍尔（M.C.ESCHER，1898~1972年，荷兰）并不是一个建筑大师，但他所研究的理论和手绘创意作品却对建筑艺术有着重要而深远的影响。他在世界艺术中占有独一无二的位置。在埃舍尔的创意作品中，很多都是从事物的精确性、规则、秩序等特性中发现美，他更加注重独特的视觉效果在心中所激起的愉悦感。他将拓扑几何、黎曼曲面、不可能三杆等数学原理运用到他的艺术创作中，从事物的"数学性"中发掘审美的价值。埃舍尔在这一方面的探索已经达到了极致，几乎无人超越。数学家是从自然中抽象出客观的规律，而他的手绘作品则赋予这些规律以具体、美丽的形象。

埃舍尔曾经绘制过意大利阿布鲁齐区斯坎诺镇街景的版画。他的朋友对照画面在坝塔镇找到了同样的角度拍下了照片。经过对照、分析和研究，发现埃舍尔绘制的版画和实景在比例、尺度、结构、节点等各个方面几乎完全相同。并且发现，在相片中观察不清晰的建筑结构和细部节点，在他的版画中都有清楚的描绘。埃舍尔的手绘创意中十分注重数学，特别是几何学的运用。他的手稿都有严谨的比例计算，他就是在精确的数字计算中，再现形体之美。建筑更是严谨的创作，埃舍尔在创意手绘中对设计和绘画的研究方式、观念以及理性思考，对后世建筑艺术都有着十分深远的影响。

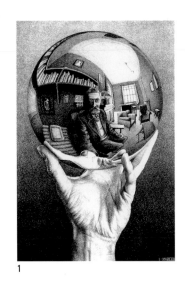

1 手持球面镜
2 螺旋研究草图
3 彭罗斯的"三杆"
4 埃舍尔用石版画表现"莫比乌斯带"
　1963年
5 埃舍尔用石版画表现"莫比乌斯带"

1

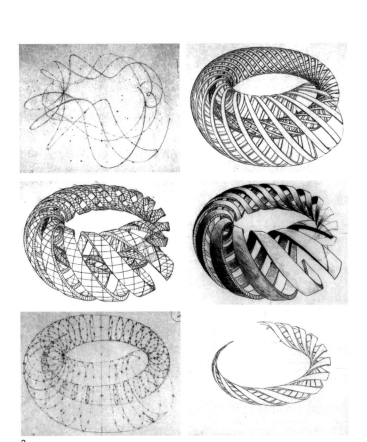

2

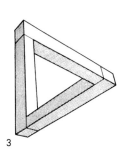

3

4

5

58

1

2

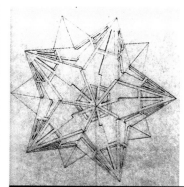

3

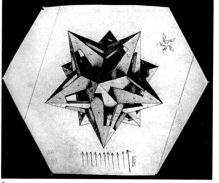

1、2 埃舍尔绘制"不可能结构"观景楼作品
3 星状十二面体的构想
4 意大利阿布鲁齐区斯坎诺镇的街景
5 埃舍尔的研究者拍摄的一张同样角度的照片

4

5

1、2 立体空间分割
3 天与水
4 彭罗斯所画的原始图象和切片
5 埃舍尔表现"不可能结构" 升与降

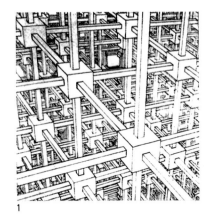

1

2

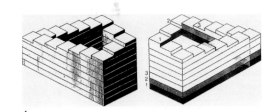

3

4

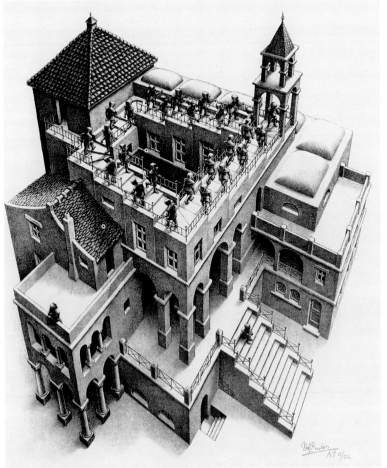

5

1 路易斯·康　1901～1974 年出生于纽约
2 沙克研究所概要图
3 沙克研究所进一步平面图
4 沙克研究所总平面图
5、6、7、8 路易斯·康　金贝尔艺术博物馆
　得克萨斯州

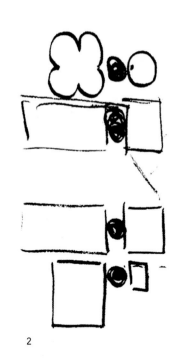

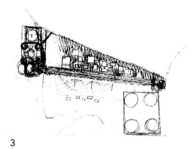

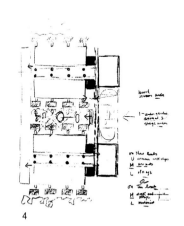

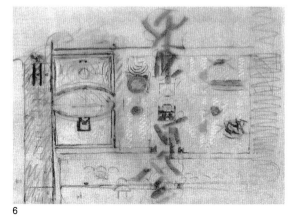

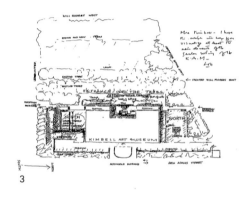

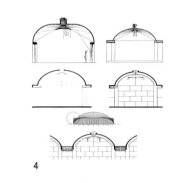

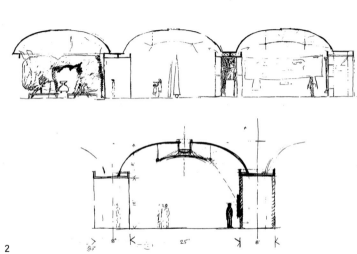

1、2、3、4、5、6 路易斯·康　金贝尔艺术博物
馆　得克萨斯州

2.3 手绘是创意灵感之源

　　文字可以记录思想、记载历史、传播新事件，但设计的思想是要通过直观的形象语言来表达。手绘在创意过程中，是灵感的来源。纸面上的"勾勾画画"就可能产生一次思维的灵动，而一个"想法"的出现，及时用手绘记录下来，并不断地深化、修改，就有形成一个完整作品的可能。大师们在创作时的灵感来源多来自手绘，他们也都是在不断的手绘草图中进一步产生新的灵感。

　　手绘不是为了"表现"，而是在利用这个特殊的"工具"来解决创意中的问题；是为了不断的调整平面、立面、剖面，对方案进一步的调整；也是不断深化设计的过程。它完全是功能性的，是脱离肤浅的形式化表面，它也更是大师们创造经典作品的重要方式。

　　在运用手绘解决问题的实践中，贝聿铭是很值得一提的。贝聿铭（1917～，美国），身为华裔的他是一位深受勒·柯布西耶影响的建筑大师。贝聿铭对建筑有鲜明的观点："建筑是一种社会艺术的形式"，他强调只有跟上社会的步伐才能不被遗忘。从贝聿铭的创意作品可以清晰地看出，他不仅在满足对现代科学技术的表现，同时，更注重建筑的地方风格或乡土气息，并不遗余力的发掘历史和文化的根源。比如20世纪60年代建于科罗拉多州落基山的美国国家大气研究中心和北京的香山饭店都是充分结合了当地的特征和文化。大气研究中心的设计过程中，贝聿铭自己的设计稿几次都被他自己推翻。他说之前的做法，看上去有如玩具一般。于是，他不断地考察地形和当地文化，不断地画草图，反复修改手稿，完善创意，最终确定了和山岩背景浑然一体的建筑形态和色彩。后人称这座建筑不是建出来的，仿佛是从地里长出来的。

1　贝聿铭　1917年出生于中国广东
代表作品：波士顿 JFK 图书馆
　　　　　国家大气研究中心
　　　　　美国国家美术馆东馆
　　　　　法国巴黎拿破仑广场纪念塔
　　　　　达拉斯音乐厅

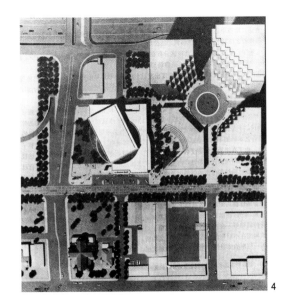

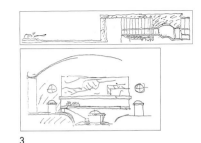

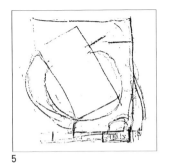

2　达拉斯音乐厅全貌
3　达拉斯音乐厅草图
4　达拉斯音乐厅模型俯视照片
5　达拉斯音乐厅草图

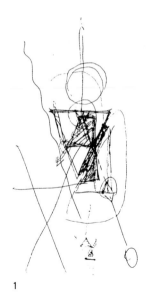

1

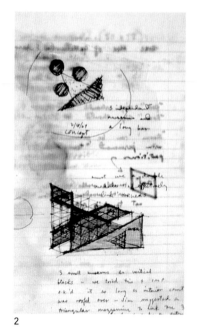

2

3

4

1 美国国家美术馆东馆构图概念草图
2 美国国家美术馆东馆草图
3 美国国家美术馆东馆鸟瞰
4 卢佛尔宫拿破仑广场金字塔
5 卢佛尔宫拿破仑广场
6 美国国家美术馆东馆
7 美国国家美术馆东馆

5

6

7

1 伍重　丹麦建筑师　1918 年生
2 悉尼歌剧院正视效果
3 悉尼歌剧院远景
4 悉尼歌剧院草图
5、6 悉尼歌剧院屋顶工程数次变更
　　的设计图

1

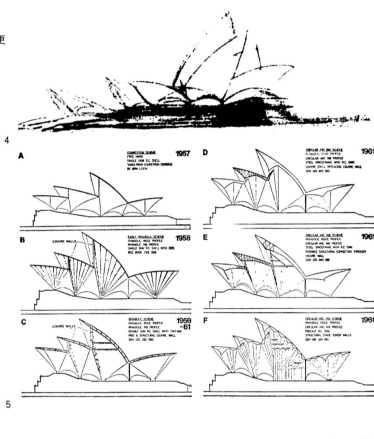

4

2

3

5

6

1 悉尼歌剧院的穹隆外形及细部
2 悉尼歌剧院的窗扇，封闭着高飞的混凝土帆
3 具有扬帆航行的视觉特性的形式
4 悉尼歌剧院

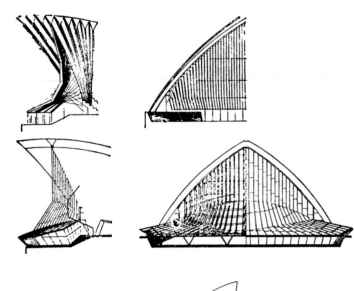

2

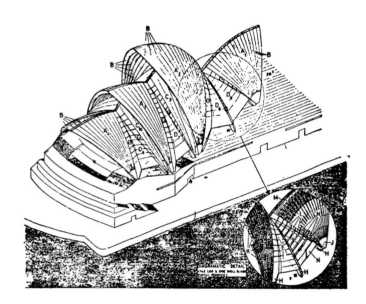

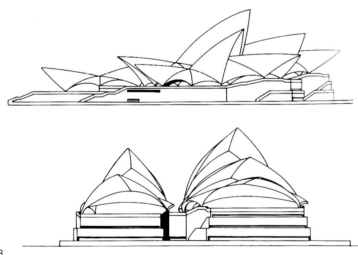

3

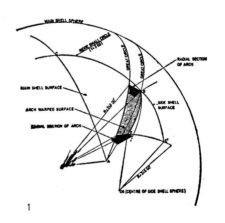

1

4

2.4 手绘是思维创造不断深化的过程

众多建筑大师在创作时多是从手绘的创意草图开始，它是随着思维的演进而不断更新。大师在进行建筑、景观设计时的手绘草图，多是对场地和周边环境的分析，对建筑结构的创意，对造型的不断完善、对建筑形式美的把控，对建筑空间的模拟，对建筑色彩的构想，对光影、水、风、湿度等自然因素的协调，对建筑技术的反复推敲，对节点的一次次深化。他们的手绘图都并不是在强调一种表象的视觉美，而是在表达设计时的思维创意和方案深化过程。大众最终所看到的是建筑完成后的实体，但我们作为关注、学习和研究这个领域的人，却需要去十分注重这个思维创意的过程。

无论从古代还是到当代的设计大师，都在运用手绘这个特殊的语言不断的深化自己的建筑创意。弗兰克·盖里也是其中之一。进入20世纪80年代，西方建筑舞台上出现了一种很具先锋派特征的、被称为解构主义的新思潮。弗兰克·盖里（1929～）就是其中重要的代表。盖里在他的创意设计中，喜好玩弄裂解、悬浮、反转和拼接手腕，他的作品中很多是在制造不和谐、直率的狂热。他的创意方案特点是将现存的建筑解构成碎片，然后像雕塑一样将他们处理成一个"正在进行的样子"。他在设计古根海姆博物馆的时候，最开始的手稿似乎是不成形态的来回穿插的线条，但却充满了创意的灵动，手稿的不断修改，不断地"打破"、"重组"之后，不休止的完善，之后，才有了我们今天所看到的解构主义的经典之作。

1

2

1 弗兰克·盖里（Frank Gehry） 1929～
　加拿大　现代主义之后最重要的大师
2 古根海姆博物馆大厅细部
3 毕尔巴鄂古根海姆博物馆草图
4 毕尔巴鄂古根海姆博物馆
5 迪斯尼音乐厅草图
6 迪斯尼音乐厅

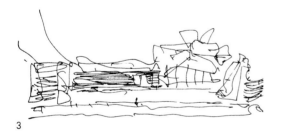

3

5

4

6

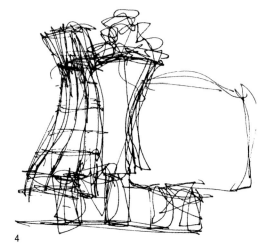

1、2 德国杜塞尔多夫河港岸的海关大楼 草图及外观
3、4 荷兰国际办公大楼 外观及草图
5、6 Chiat／Day／Mojo 公司总部 外观及草图

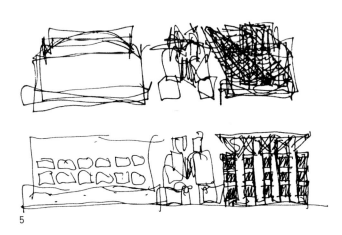

68

1

1 阿尔多·罗西 意大利 1931～1997年
　荣誉：1990年普利茨克建筑奖
　　　　1991年AIA建筑奖
　　　　1997年总理文化特殊奖
2 米兰国际机场扩建
3.4 米兰国际机场扩建草图
5 罗西建筑草图
6 意大利巴里集合住宅

2

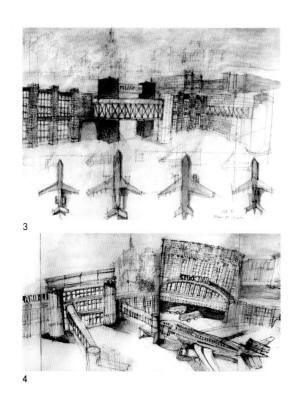

5

3

4

6

1

1 理查德·迈耶（Richard Moier）
2 美国纽约州康奈尔大学
3 康奈尔大学建筑南立面
4 康奈尔大学建筑北立面
5 康奈尔大学建筑西立面
6 康奈尔大学建筑东立面

2

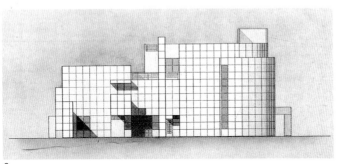

3

4

5

6

1 美国印第安的中心博物馆
2 中心博物馆平面图
3 中心博物馆概念图
4 中心博物馆草图
5 中心博物馆草图
6 中心博物馆草图
7 中心博物馆室内草图
8 中心博物馆立面草图

2

3

6

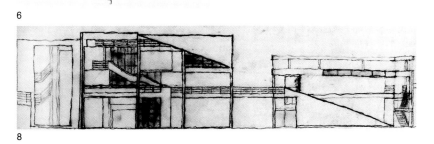

7

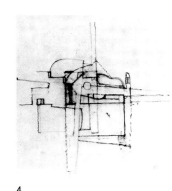

4

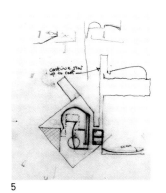

5

8

1 艺术博物馆
2 艺术博物馆建筑剖面图
3 艺术博物馆建筑东立面
4 艺术博物馆建筑北立面
5 艺术博物馆建筑南立面

2

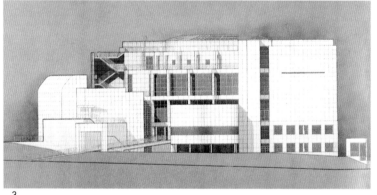

3

4

5

另外一个例子，就是现代主义之后思潮中高技派代表人物之一的诺曼·福斯特（1935～）。他对技术有着明确肯定的乐观信念，但在他的建筑创意中，充分把握了在适宜的范围内采用适宜的技术。福斯特的"适宜技术"从广义上讲，是指采用某些技术时，应根据当地的条件和使用情况而定。福斯特提出的最著名的一个论点就是"建筑即产品"。他主张采用先进的大跨度结构，便于空间的灵活划分，他称之为"可变的机器"。这一主张与密斯的"全面空间"有着较大的相似之处。福斯特在设计日本千禧塔最初的手稿中，只有好多个矩形、三角形，看着他最初的手绘草图，根本想像不到建成后的千禧塔是多么的壮观。福斯特的各种作品的完善也都是通过对方案的不断创意和修改最后得以实施的。

1　诺曼·福斯特
　作品：伦敦第三机场
　　　　香港新国际机场
　　　　香港汇丰银行
　　　　伦敦千禧大桥
　　　　西班牙国会中心
　　　　法国卡里艺术馆
　　　　剑桥大学法律系馆

2　香港汇丰银行
3　香港汇丰银行草图
4　1995年9月伦敦周一早会
5　坐在香港汇丰银行建筑模型前的诺曼·福斯特

73

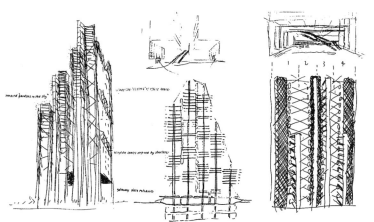

1 香港新国际机场鸟瞰
2 诺曼·福斯特对照模型选择特定视角，观察分析方案
3、4 香港新国际机场草图
5 设计师诺曼·福斯特亲自动手画草图方案
6 香港新国际机场模型

1

2

74

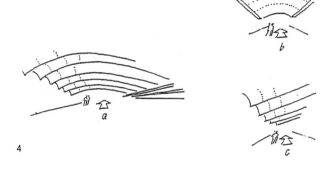

The roof is developed out of the simple vault module
The height and width varies according to needs
The structure orders and lights the spaces.

The grain and angle of the structure
provides instant orientation
Both inside the building and also from the outside.

3

4

5

6

1

1、5 日本千禧塔
2、3、4、日本千禧塔分析草图

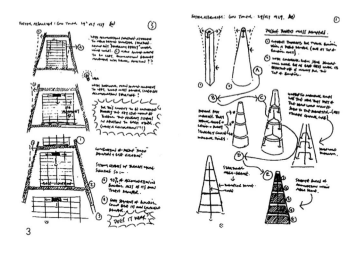

3

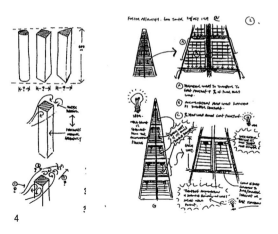

4

2

5

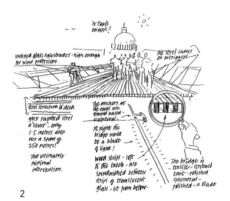

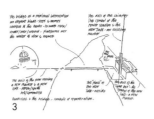

1 伦敦千禧大桥
2、3 伦敦千禧大桥概念草图
4、5、6、7、8、9、10、11 剑桥大学法律系馆

10

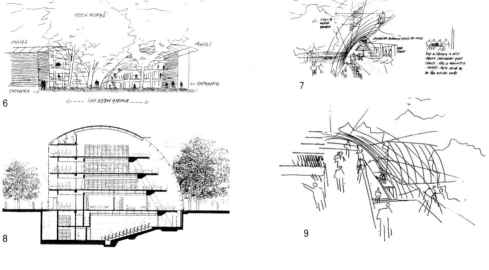

4

5

6

7

8

9

11

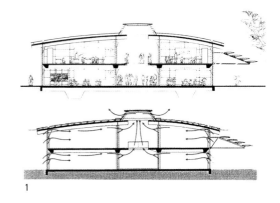

1

1、2、5、6 Lycée Albert Camus 国立大学　法国
3、4 Joslyn 艺术博物馆附属建筑

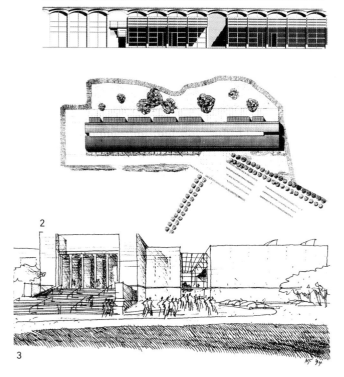

2

3

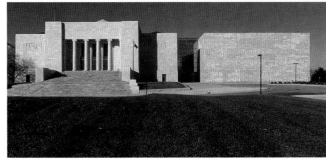

4

5

6

1 伦佐·皮亚诺
  1937 年出生于热那亚
  1971 年创立工作室
  1993 年创立公司
2 法国巴黎设计的蓬皮杜艺术中心
3 蓬皮杜艺术中心手绘草图
4 蓬皮杜艺术中心手绘草图
5 蓬皮杜艺术中心鸟瞰图
6 蓬皮杜艺术中心建筑外观
7 蓬皮杜艺术中心建筑细部

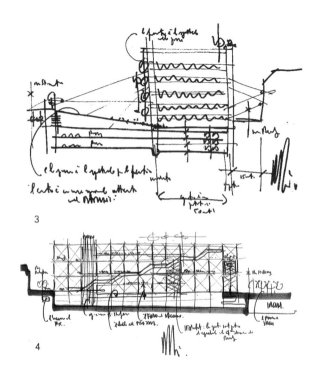

1 1998年在新苏格兰诺米亚设计的简—玛丽·蒂巴尤文化中心建筑草图
2 蒂巴尤文化中心鸟瞰图
3 蒂巴尤文化中心建筑外观
4 蒂巴尤文化中心建筑外观
5、6、7概念草图

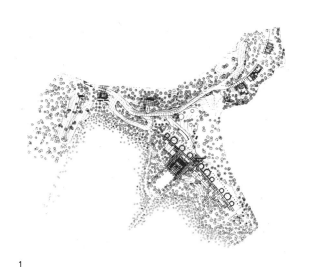

1

4

2

3

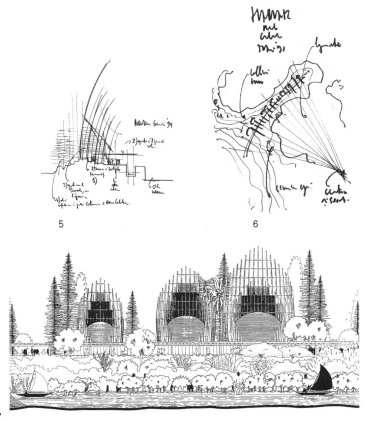

5

6

7

2.5 思维创意与艺术表现同在

　　深厚的艺术功底加上富有创意的创作思维所形成的手绘表现图，它在成为一个创意示意图的同时，也是一件具有欣赏价值的建筑表现图。

　　保罗·安德鲁（1938～，法国）是当代最著名的建筑大师之一。在安德鲁看来，"建筑活动最大的原动力来自于建筑始终在没有完成状态的感觉"。他的创意中更多的是关注空间的本身，让空间成为无法预测的使用者情感的共鸣器"。他认为建筑最初是建筑师的工作，在不同思想的交流中发展出来，在此基础上，他坚信通过诗、文学、音乐、绘画和科学的交流，更能使建筑得到繁荣。建筑最为单纯和基本的方面应该是如何超越物理意义上的需求。在安德鲁的创意设计作品中，简单的几何形状与复杂的形状是同时存在的，不同的因素被组合成一个统一的整体。他的设计手稿中表现出很强的造型能力和深厚的艺术功底。在他的创意表现手稿中，有关于建筑概念、几何形式的初期创意草图，也有较详细的对空间分析的深入手稿，还有较细致刻画的空间表现。他通过比较准确的造型和明暗关系的刻画，很直观的表现出丰富的建筑空间的变化。

1　保罗·安德鲁
　　建筑师
　　出生年份：1938 年
　　法国

2　第二空港鸟瞰，包括 A、B、C、
　　D、F 厅　A 厅卫星楼以及新控
　　制塔
3　空港草图
4　空港草图

2

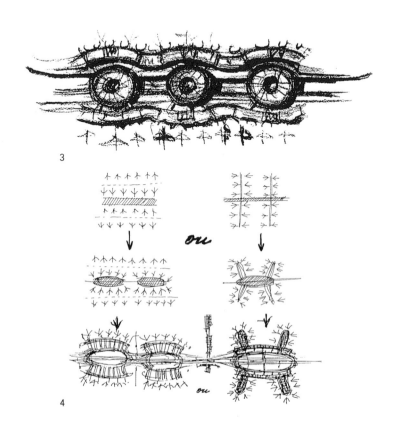

3

4

1 卫星楼内景
2 空港草图
3 自停机坪望 F 厅
4 空港外观草图
5 空港草图

1

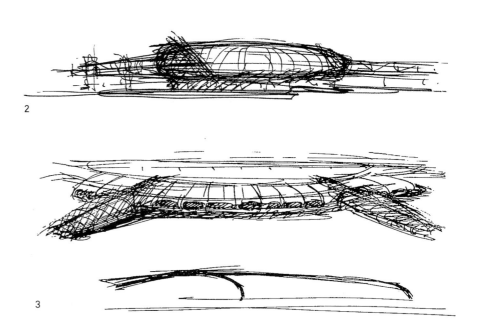

2

3

4

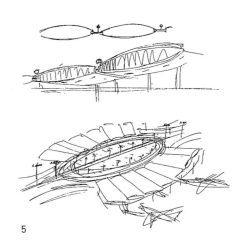

5

1 雅加达　苏加诺机场草图
2 相对于中央公路轴对称的两座空港
3 金属管材取代了传统的竹子，但基本形式仍然相同，
  这些金属管也是从中心向外辐射，与绑扎起来的竹
  子一样
4 这里最重要的问题是要让旅客能够在树木葱茏的建
  筑环境中惬意地候机

2

1

3

4

1

1 德方斯巨门　法国
2 德方斯　剖面图
3、4、5 德方斯　草图
6 云　从理论上说，云的几何形式既精确又复杂，
　与正方体简洁的几何设计形成了鲜明的对比
7 人工岛和横向展开的曲线建筑／模拟建成实景
8 草图（第一阶段）
9 草图（第二阶段）

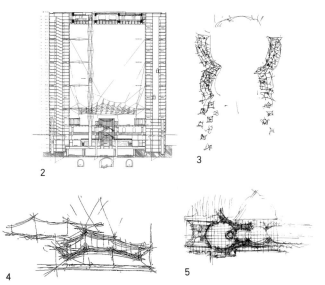

2　　　　　3

7

4　　　　　5

6

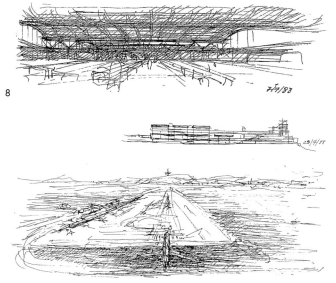

8

9

1 菲利普·考克斯
　澳大利亚 1939～
作品：悉尼足球场
　　　悉尼奥运会场地规划
　　　新加坡电信塔
　　　悉尼展览中心
　　　Geographe 港口
　　　Yulara 度假村
　　　Prymont 城市改造
　　　科威特珍珠海城
　　　Newstead Teneriffe 城市改造

2 展示体育设施的定点平面
3 悉尼足球场草图
4 悉尼国际运动中心设计的初步草图
5 总平面的景观概念的描绘
6 悉尼足球场

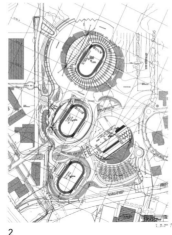

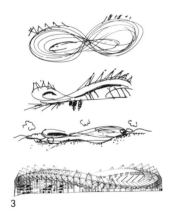

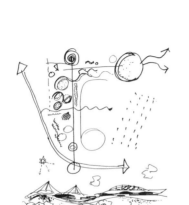

1 Khiran 城中心的空中透视图
2 Khiran 城中心的初期草图
3 Khiran 总平面图
4 Khiran 城中心的平面图
5 Khiran 城中心研究

1

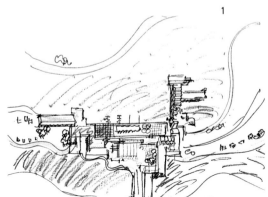

2

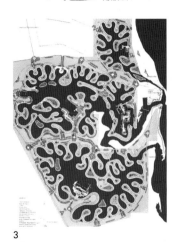

3

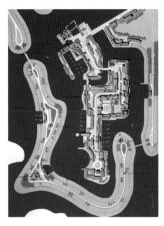

4

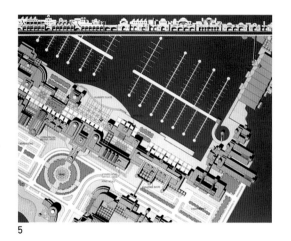

5

1、2、3 概念的发展
4 景观形式上的概念研究
5 Shuwaikh 岛交流图
6 Shuwaikh 港口主平面

1

2

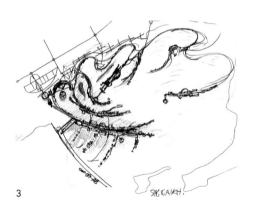

3

4

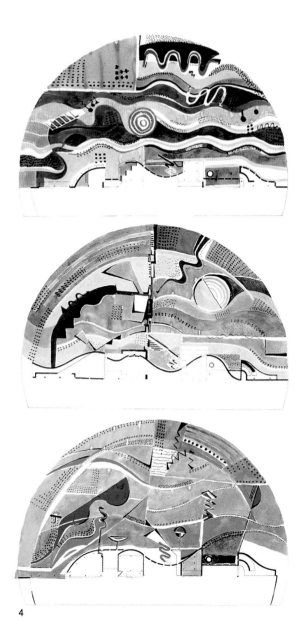

5

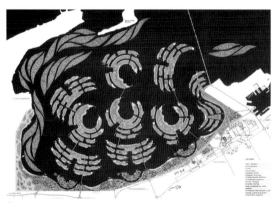

6

1 计划中的 Newstead 步行街
2 计划中的新农场的滨水地区发展
3 北向的空中透视图
4 计划中的坦纳利佛码头和村子
5 总平面图

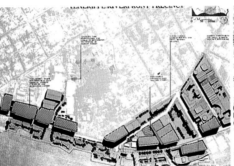

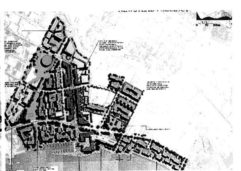

1 计划中的第三校园的毛织品商店
2 计划中的 Newstead 布里斯班河畔的住宅群
3 一个典型住宅区的透视图
4 新农场半岛景色
5 计划中的坦纳利佛市场广场

2.6 概念性的表达创意思维

　　手绘在大师们进行建筑设计时，由于每个人的生活环境、受教育的方式以及性格特征的不同，所形成的手绘表现风格也各不相同。但殊途同归，各种形式的手绘草图都有相同的表达目的。很多大师在进行创意时，都有自己的特殊喜好和绘制手法。这里我们仅以安藤忠雄为例。

　　安藤忠雄(1941～，日本) 也是一位深受勒·柯布西耶影响的建筑大师。从他的创意作品中不难看出，他继承了现代建筑的传统的同时，又发展了自己独特而富有诗意的建筑语言。在他的手绘创意中，对设计理念和材料的运用，是把国际上现代主义和日本的传统美学结合在一起，通过使用最基本的几何形态，用变幻摇曳的光线为人们创造了另一个世界。

　　安藤忠雄的作品中，材料、几何与自然是构成建筑必备的三个要素，而他的每一件创意设计作品也都体现了这些要素。安藤擅长用混凝土，并执着于它的质朴与纯粹。他很强调自然的作用，而他指的自然并非原始的自然，而是从无序自然中抽象出来的有序自然——光、天和水。安藤所追求的建筑就是这些材料、几何与自然三者的有机结合。

　　安藤忠雄进行创作时所绘制的创意草图，多是简洁的几何体。他做过很多种不同的工作，但没有受过严格专业建筑设计学习。他对建筑的学习几乎是在生活中的自学、摸索，因此，他的手绘创意表现图中没有突出和刻意的艺术表现，线条似乎有些笨拙，形体也很简单，但却用简单的手绘来表现自己的创意思路。他不喜欢在桌面上画设计草图，他最具个性的方式就是将墙面作为案台，绘制大型草稿，十分震撼。在他的手稿中，对光、场地和投影等自然因素与建筑实体关系的分析都表达得十分透彻。就是这样的"圈圈点点"的手绘，同样创造出了让世界为之赞叹的作品——光的教堂、水的教堂……

1 安藤忠雄
　1941 年出生于日本大阪
　作品：光的教堂、水的教堂、住吉长屋、
　　小筱邸、水御堂、儿童博物馆
　荣誉：1989 年法国建筑科学奖
　　　　1992 年嘉士伯建筑奖
　　　　1995 年普利茨克奖
　　　　1996 年 praemiurn Imperiale 奖

2

2 美国福斯特沃斯设计的福斯特沃斯现
　代艺术博物馆　草图
3 建筑局部
4、5、6 现代艺术博物馆　草图

3

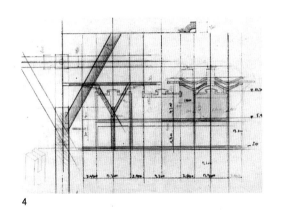

4

5

6

1、3、5、8 光的教堂设计草图 日本大阪
2 光的教堂
4、6、7 光的教堂手绘草图

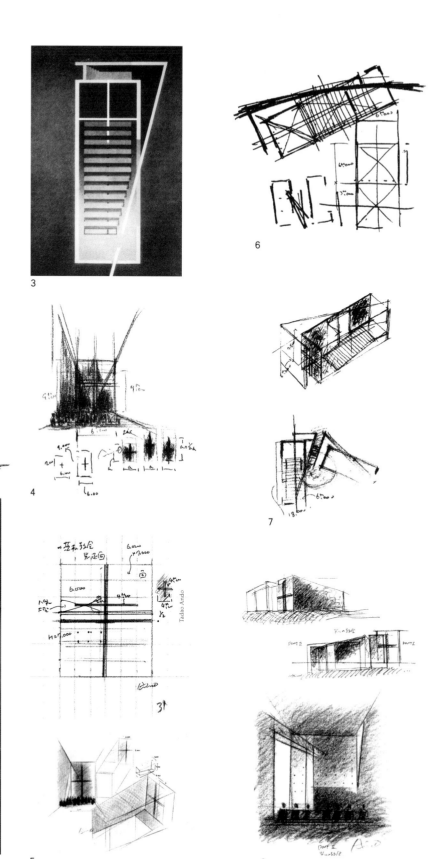

1

2

3

4

5

6

7

8

1、2、3、4 水的教堂　草图
5 小筱邸鸟瞰　日本芦屋
6 小筱邸　草图
7 小筱邸　草图和室内局部空间
8 水的教堂　日本北海道

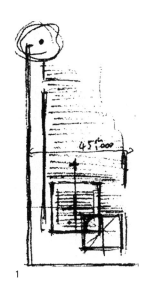

1

2

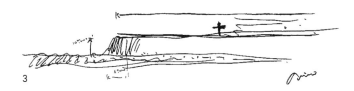

3

4

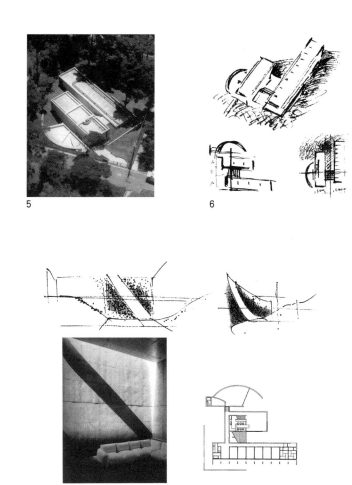

5

6

7

8

1

1、4、5、6、7、8、9 梦舞台　草图

2　梦舞台　平面设计图

3　梦舞台

2

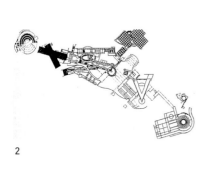

3

4

5

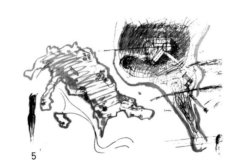

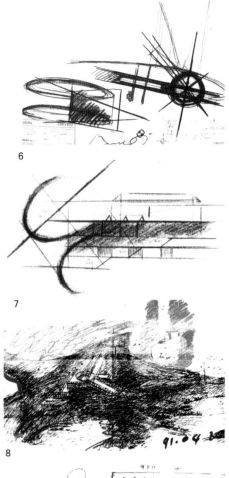

6

7

8

9

1 近津飞鸟历史博物馆　日本大阪
2、3、4、5 近津飞鸟历史博物馆　草图
6、8、9、10 住吉长屋　草图
7 住吉长屋室内空间　日本大阪

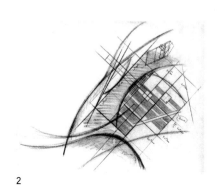

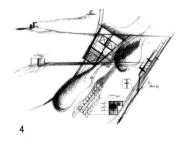

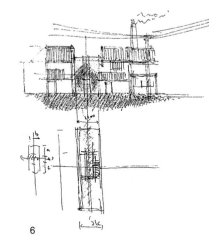

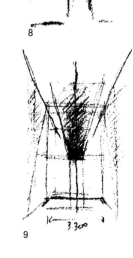

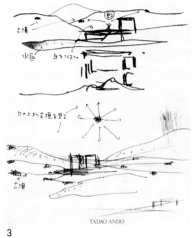

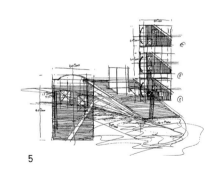

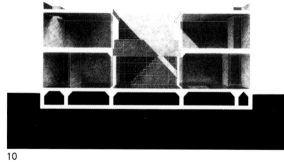

1

2

2 犹太人遗产中心　室内空间
3 犹太人遗产中心　建筑外观
4、5、6 犹太人遗产中心　草图

1 马里奥 博塔
　　瑞士　1943～
　　荣誉：1989 1993 CICA 奖
　　　　　1995 欧洲文化奖
　　　　　1995AIA 杰出设计奖

94

3

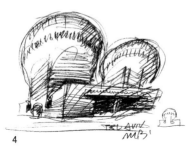

4

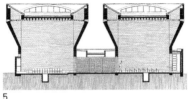

5

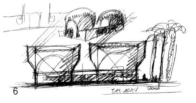

6

1

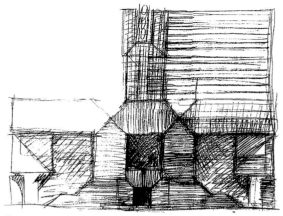

2

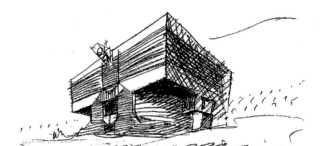

3

1 圣阿波斯图罗教堂　建筑外观
2、3 圣阿波斯图罗教堂　草图
4 圣维塔莱河独家住宅　建筑外观
5 圣维塔莱河独家住宅　草图
6 哥多塔银行　草图
7 旧金山现代艺术博物馆
8 哥多塔银行　建筑外观
9、10 新中心公共汽车终点站　草图及建筑外观

4

5

6

7

9

8

10

1

1 关根伸夫
  作品：东京都厅舍（水神殿　空台座）
        世田谷美术馆
        新潟站南口站前广场
        江南女子短期大学
        千叶工业大学

2

3

2 东京都厅舍——水神殿
3 东京都厅舍——空台座
4、5 project drawing　1971年
6 project for the Yuhigaka park
7 日浴的椅子

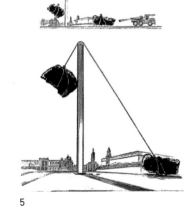

5

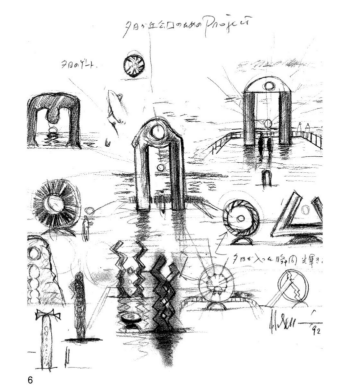

6

7

1 project drawing

2 "空相"

3 千叶县成田市的"火塔" 坂川建筑设计事务所

4 PLaza of heaven earth and man 构想图

5 Monolith 21 计划案

6 Plan for a "New Mount Tsukuba" at Kasama

7 九州产业医科大学前广场雕塑 伊藤喜郎建筑设计事务所

1

3

97

2

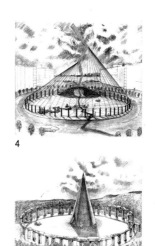

4

5

6

7

1

1 丹尼尔·伯尼拉
2、3 米拉格罗萨教堂及草图
4 汉诺威博览会哥伦比亚凉亭　扩展设计图

2

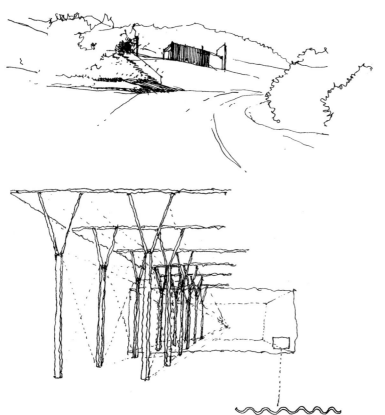

3

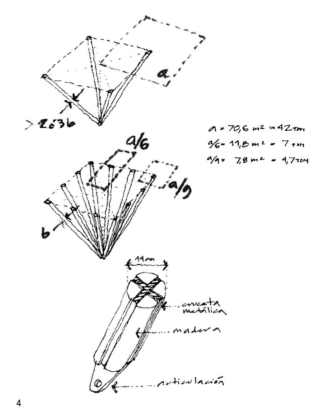

4

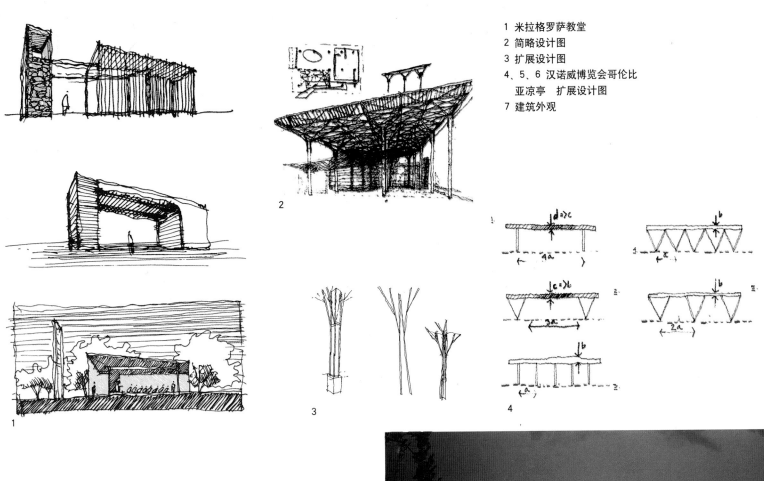

1　米拉格罗萨教堂
2　简略设计图
3　扩展设计图
4、5、6　汉诺威博览会哥伦比
　　亚凉亭　扩展设计图
7　建筑外观

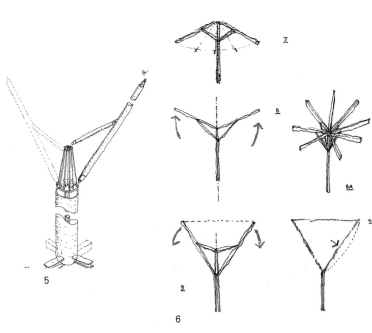

7

1 扎哈·哈迪德
　伊拉克 1950～
　荣誉：2000 年大英帝国爵士勋章
　　　　2004 年普利茨克建筑奖

2 西班牙皇家收藏博物馆
3 西班牙皇家收藏博物馆　设计草图
4 moonsoon 饭店　设计草图
5 园艺博览会展览馆
6 园艺博览会展览馆　草图
7 moonsoon 饭店　建筑外观
8 停车场和铁路终点站　设计草图
9 停车场和铁路终点站　建筑外观

1

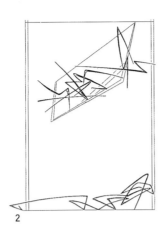

2

3

4

1 莱音乐雕塑
2 莱音乐雕塑　手绘草图
3 莱音乐雕塑　手绘草图
4 建筑外观　停车场和铁路终点站　法国　斯特
　拉斯堡
5、6、7 伊斯兰教艺术博物馆　设计草图

5

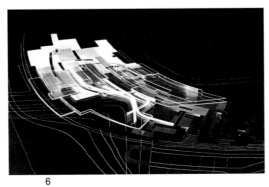

6

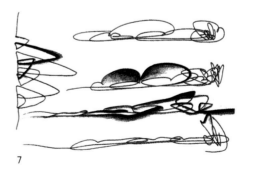

7

2.7 建筑事务所的蓬勃发展

　　20世纪中后期是人类历史发展黄金期，同样建筑行业也进入了一个辉煌的发展阶段。大量的新建筑从战后的瓦砾中拔地而起。

　　这时，单独的建筑师已不能满足时代的要求，不能适应建筑行业中的繁重任务。于是他们以团队的方式组合，由建筑师领导其团队完成从测量、到思维创意、到预想图实现、到设计可实施性论证、到实际设计项目实施等一整套建筑业务。他们的团队由建筑师、规划师、工程师、插画表现师和建造师组成。他们相互配合，完成建筑设计施工任务。

　　20世纪60年代大量建筑事务所和大量建筑设计团队涌现，其中小到几人组合，大到跨国公司。它们成为当今世界建筑行业的主流。现介绍几个著名建筑事务所，通过建筑师的大量设计表现图和草图，从中解读当今世界建筑趋向。

1 库普＋希姆尔伯
　Coop Himmelb 事务所于1968年在
　维也纳创立
2 电脑预想图
3 设计参考
4 设计于德国慕尼黑的 BMW WELT 信
　息中心　草图
5 电脑效果图
6 草图

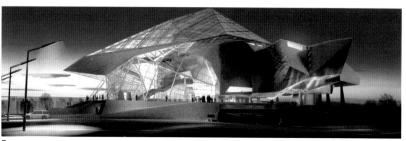

1

1 SEG 公寓塔　实景照片
2 分析草图
3 立面图
4 分析比较草图
5、6 分析草图
7 综合博物馆　电脑效果图

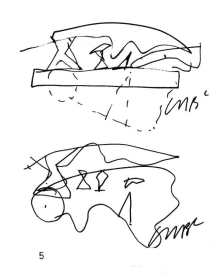

5

103

2

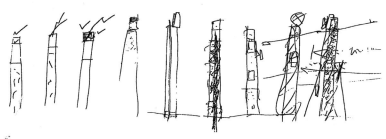

3

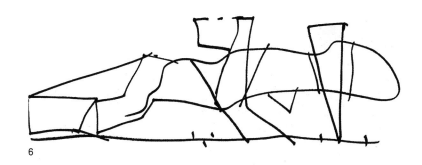

6

7

1 伯勒斯＋威尔逊
两人于 1980 年在伦敦一起开始合作
1989 年公司搬到德国东部的穆斯特
2 简略设计草图　在德国马德堡
设计的 RS+ 黄色家具
3 实景照片
4 简略设计草图
5 卢克索剧院　色彩设计草案

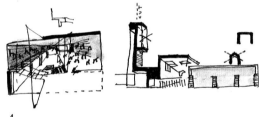

LIJKEN OP EEN GROTE ROEIBOOT

1

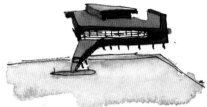

简略设计透视图

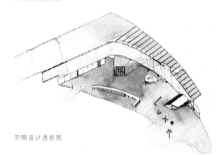

简略设计透视图

简略设计透视图

1 新卢克索剧院
2 剧院平面图
3 剧院剖面图
4 内部远景图
5 设计草图
6 内部远景图
7 外部远景图

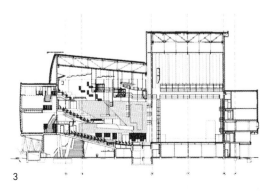

2

3

4

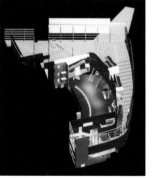

6

7

1 卢堡＋尤戴尔
   作品：Bo01，Tango 住宅
        Santa Monica 图书馆
        华盛顿大学规划
        某区域规划
        Dartmouth 大学北校区规划
        美国空军纪念竞赛
2、3、4、5、6 Bo01，Tango 住宅

2

3

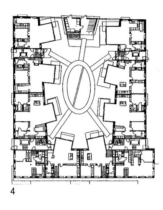

4

5

6

7

8

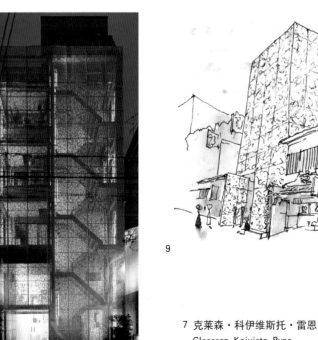

9

7 克莱森·科伊维斯托·雷恩
   Claesson Koivisto Rune
8、9 斯非拉建筑　日本大阪

1

1 日本　妹岛和世　1956～
　　　　西泽立卫　1966～
　作品：Stads 剧院
　　　　东京郊区某住宅
　　　　IVAM 扩建
　　　　金泽 21 世纪美术馆
　　　　工艺品设计
　　　　某住宅改建
2、7、9 金泽 21 世纪美术馆
3、4、5 Stads 剧院－1
6 Stads 剧院－2
8 工艺品设计

2

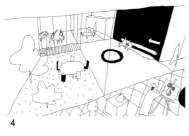

7

8

3

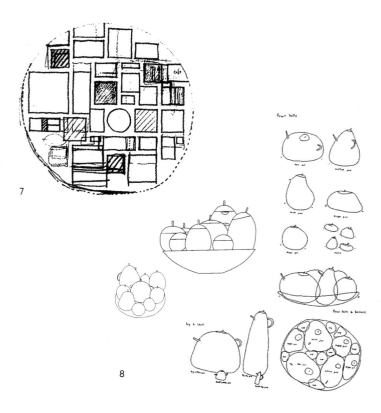

4

5

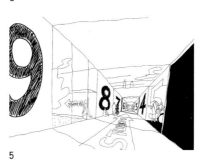

6

9

1

1 米切尔·朱尔戈拉建筑事务所
  西佛罗里达大学美术与表演艺术中心
  设计
  佛罗里达州　彭萨科拉
  合作建筑师：巴雷特，达芬和卡兰公司

2

3

4

5

6

2 西面的景观
3 总平面示意图
4 平面图
5 北立面
6 带有集中绿地的鸟瞰图
7 向南看的东西向剖面

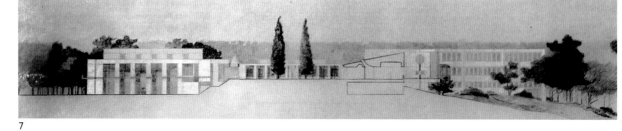

7

1 基地轴测草图
2 总平面图
3 基地轴测图
4 西边景观
5 经哈得逊河摆渡来到世界金融中心
6 自由女神像方向的景观
7 新的总体规划
8 建立中心方庭院形成学院的建筑

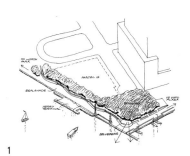

1

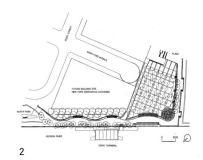

2

6

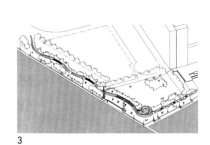

3

4

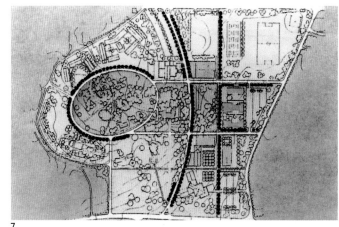

7

5

8

1 步行区
2 总平面渲染图
3 总体规划图
4 餐厅
5 综合建筑物的鸟瞰草图
6 北立面
7 概念性图解分析
8 总平面

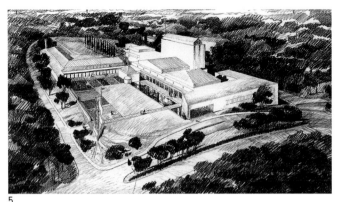

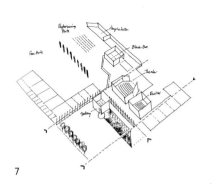

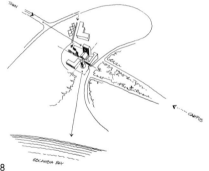

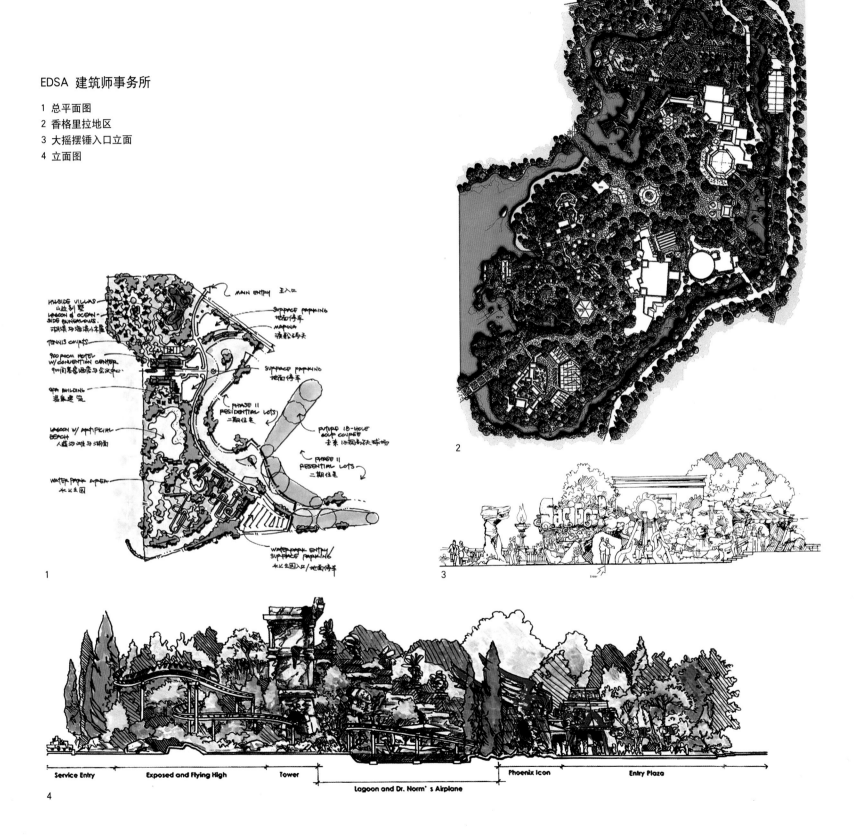

EDSA 建筑师事务所

1 总平面图
2 香格里拉地区
3 大摇摆锤入口立面
4 立面图

111

1

1 风景区景观透视图一
2 挖掘区西南立面图
3 风景区景观透视图二
4 风景区景观透视图三

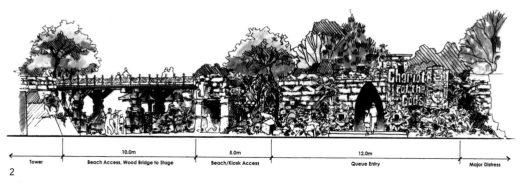

2

3

4

1

2

1 RTKL 建筑师事务所
2 黄山芙蓉国际旅游城（总体规划）
3 市场
4 广场

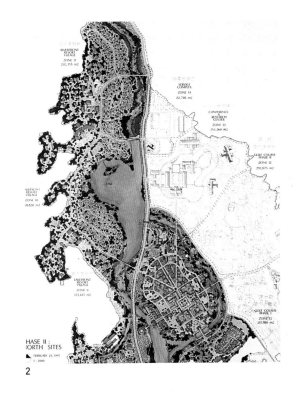

3

4

1

2

3

5

4

1 主入口
2 奥伯豪森中心 设计／建成 1990 年／1997 年 德国
合作建筑师 RKW 建筑师事务所
3 规划图 斯泰特——托马斯区规划 1986 年 100 英
亩(40.5hm²)
4 漫步区
5 设计草图
6 华纳兄弟多功能电影院

6

1

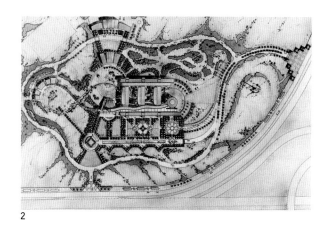

2

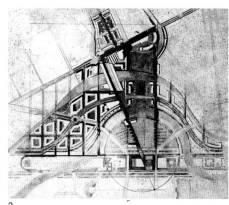

3

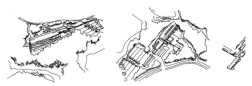

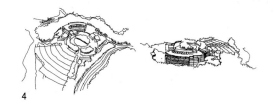

4

5

6

1 住宅区
2 总平面示意　沙特阿拉伯基础工业
　公司（总部）SABIC
3 总平面　莱尔特·巴赫豪夫广场
4 鸟瞰图
5 商务区
6 滨水住宅区

3

第三章　手绘创意设计的内涵
Annotation of Creative Design of Hand-drawing

第一节　手绘表象后的丰富内涵
第二节　手绘创意的过程分析
第三节　掌握快速创意设计的技术与方法

第一节　手绘表象后的丰富内涵

快速创意手绘是一种综合性艺术表现形式，具有丰富的内涵，是设计师本身文化修养的体现。这包含了审美的情趣、生活的阅历和创造性的思维。好的创意设计，不只是来源于天才的设计师瞬间的突发奇想，还要经过长期的积累才能产生瞬间的思路蒙发，才可能正确地、全面地，完整地反映设计的全部内涵。

设计的过程是一个提高和自我完善的过程，需要将其掌握的自然、社会、人文、心理、视觉美学等大量知识和丰富的实践经验，作为创作的依据加以运用，并要不断地更新，这要求设计师注意培养综合素质，以积极热情的态度，投身于社会，吸取各种文化的精华，充实自己，才能提升设计品位、提高审美能力和创造美的视觉形象。

体验和感受生活是设计必不可少的。许多好的设计作品中，营造出了宜人的生活气氛，是因为设计师了解生活、熟悉生活中的感受。设计作品还应充分表现材料美感，细致刻画工艺技术，空间气氛、光照感受等，都必须细心地观察和体验。

设计师还应具备阅读和欣赏的习惯，这会使其情感变得丰富，情趣变得高雅，这种潜在的意识将会自然流露到作品的实践中。

掌握快速创意手绘本领，从技术上讲是不难达到的，只需一个艰苦的学习过程，没有任何捷径可言，只有那些不畏艰辛的人才能到达设计技术娴熟的顶峰。但从创意构思设计定位的本质上讲，不像解决技术问题那么单一，是一个长期不断积累的过程（详见手绘创意设计过程分析图表）。

手 绘 创 意 设 计 过 程 分 析 图 表

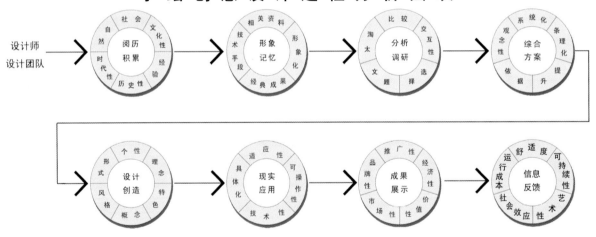

第二节　手绘创意的过程分析

手绘创意设计是一个多元化的复合载体，就像原料经过机械加工最后生产出产品，直到应用的全过程，并不是单一的画面表现形式。许多大师在设计的过程中，他们的头脑如同一个信息宝藏，这些信息来源于生活中的积累和记忆，当需要的时候，随时可以对此进行分析、处理、加工、综合，并驾驭它们，使其为创作服务。

积累：来源于生活的经历、文化的底蕴、对自然的感悟和历史知识的了解，还包括投身社会对人文、心理、视觉看到、听到、读到、走到、悟到，也就是说，了解得越多越好，亲身体验，才能有参与方案评论的依据。随着时代的变迁，所有成功与失败遗留下来的经验都是我们值得吸取的宝贵财富。

记忆：记忆空间是广阔的，特别是有空间形象的、具体化的物象关系的记忆。设计师通过阅读资料、图片赏析、观光游览、观赏自然风光、了解风土民情、各民族文化的特点与代表性的建筑，包括工艺、技术手段和艺术形式等，这些都会有意识或无意识地停留在脑海里，这是设计师无形的资产，保存越多就越富有。

分析：当需要某些信息，并渴望将其有所利用，并通过再加工转变为现实的时候，要对此进行可行性的分析，通过比较论证，看是否存在参与的可能，对没有价值的资料给予淘汰，对保留下来的信息资料进行加工处理，取之精华，弃之糟粕。

综合：将需要的知识资源、经验、各种记忆整合成较为系统和有条理的思维综述，与其创作观念和表现形式加以综合的同时，你将发现积累—记忆—分析的结果为你建立了坚实的构思基础。这时的思维状态已达到了创意思维的最佳状态，它告诉你如何思考方案，

怎样去表现，这如同是一个不断更新、取之不尽的资料库，等待着你的开发和运用。

创造：设计师应能独立思考问题，同时善于互相讨论，激发灵感，建立新的设计观念，有独特的创造意识。不能仅追求画面的效果，重心应放在创意设计上，才能做到推陈出新，创意出有特色的设计理念。除本身具有的天性与灵感外，作品个性与风格形成，还需要自身的努力和外界环境的造就。

应用与成果：一幅成功的手绘图，除具有它的艺术价值外，还应拥有它的应用价值，这需要在设计过程中考虑它的可操作性、技术手段是否可行，是否适合地理的环境，甚至在材质的应用、经济状况、市场需求等方面都应进行调查研究，以便实施。有应用前景、产生社会效益和经济效益的作品将受到关注。

信息反馈：一件好的作品问世，不能只看到当时效应，还要经过时间和历史的考验，看它是否符合可持续发展的原则，是否节能，要看社会舆论和市民满意率，做到功能和艺术的完美结合。

第三节　掌握快速创意设计的技术与方法

绘出一幅成功的效果图，应具备良好的美术基础，包括对美学的理解，对美术理论的认识，知道如何掌握素描和色彩关系还、透视和构图，并能给予正确的判断。手绘图不仅是一种欣赏艺术表现的形式，还需要在给人带来美感及艺术享受的同时表达作者的创意思想、设计理念以及在应用过程中的技术含量。通常所说的材质、光感工艺技术等都应在设计图中予以体现。

3.1 清晰的设计表现思路与表现构架

创意性的思维来源于作者丰富的想像力，但绝不是凭空塑造，而是对事物本质的认识，有新意的感受的表达。这种表达方式最初

绘制草图，很多的构思都在绘图与修改的过程中加以体现，这是一个学习、建立自信和主动性谋划的过程，也是心灵与作品相融合的过程，就是说设计者将自身的理念与他人的感受，通过作品的形象充分地表达出来。

构思画面的构图形式，将成为作品成败的关键，起着决定性的作用，它将通过视觉给他人带来感受，所以设计构架、视觉形象要作一番认真的思考，要从整体到局部，从各部分形象占画幅的恰当位置考虑，包括主次部分的衔接及其变化的均衡、对比的和谐，既要突出具有表现力的主体部分，又不可忽视次要部分，并通过景物远、中、近的安排，表现出作者的主观意图，画面应是完整有序的，应有整体美。

3.2 设计之前应必备的条件

　　备好所需的工具，打好腹稿，作到心中有数。最好用铅笔或勾线笔作一些示意性的草图策划，可以将图面构成形式，比如图面形象结构的素描关系、疏密秩序、形式美要素、细节与局部刻画，画出一系列草图，也包括各种表现物象的透视选择，不同视点、不同角度形象的策划等。可在诸多草图中选取最适合表现所画物象的表现形式。

3.3 关于透视选择与应用

　　准确的透视是必须做到的，如画面透视在视觉上有明显的误差，后续的效果将失去意义。画透视图应把握透视基本规律。平行透视，也叫一点透视，灭点只有一个，而且必须在视平线上，一般在画面中心区域内，可偏上或偏下，如俯视和仰视图。但切记不能过于偏左，或偏右，这样会造成离灭点远一些的物体变形过大。

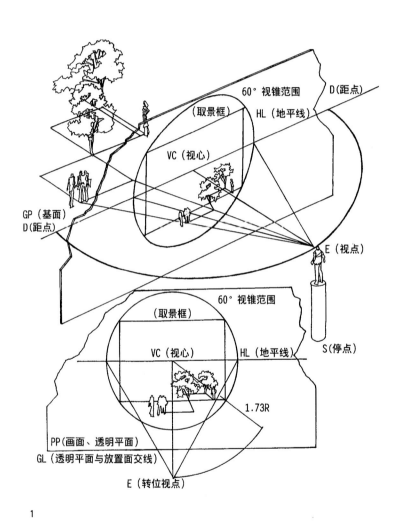

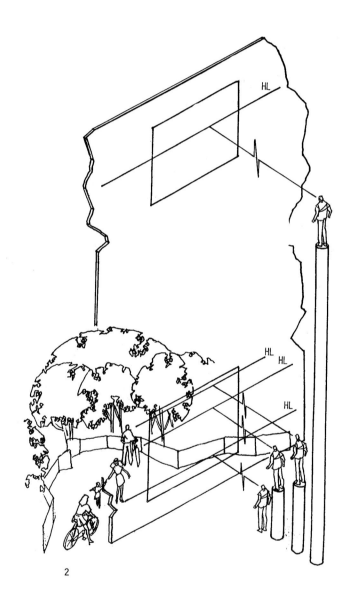

1 不同视点透视原理
2 不同高差透视原理

有时在画面上,严格按照透视规律所求证的点位画出来的物象,看上去总觉得有些不稳定。那是构图问题,因前景、中景和后景中,物体摆放的位置无秩序所致,要及时地校正。透视上是否准确以观者的视觉感受舒适为准。

1 平行透视法
2、3 成角透视法

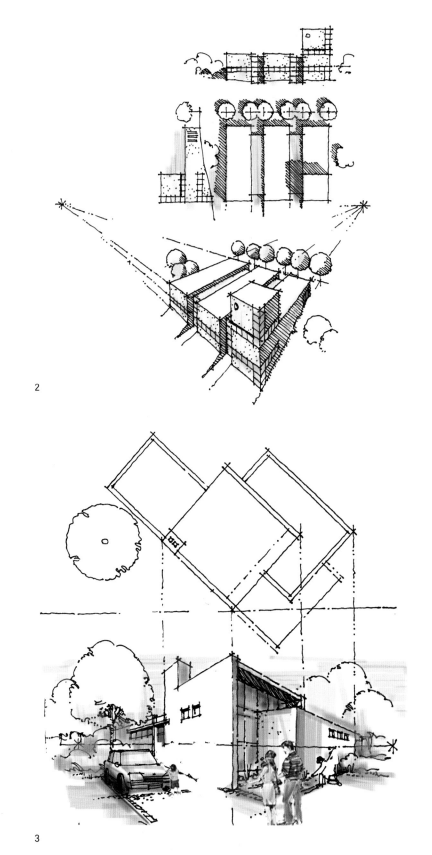

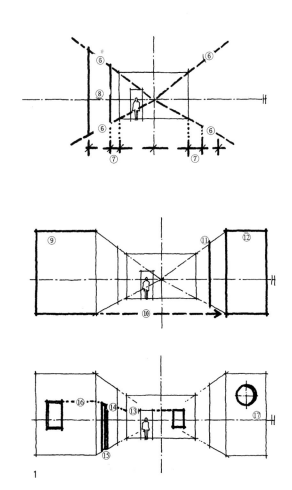

1

　　平行透视比较好掌握,但过于呆板,应多用一些异形的物体如绿化植物等放在空间中,调解画面的活跃气氛。更要强化画面构图中疏密关系的节奏的策划,才能使平行透视生动得体。

　　成角透视因有两个灭点,分别在画面的左右两侧,一般两个灭点所处的位置距离画面中心一个稍远些,另一个近一点为宜。成角透视与平行透视相比,作起来更难把握。其特点是表现物体比较生动,透视感觉较强。

选用成角透视时，视点选择距离物体不宜过近，这样透视变形会小些。常用的方法是把两侧在视平线的灭点定在画面构图取景框以外。

以上几种透视方法是较常用的，可徒手训练，画一些几何形体，异形物体练习，然后增加一些难度，如手表、汽车、座椅、花坛等加以反复训练。

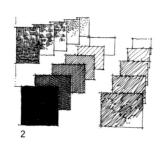

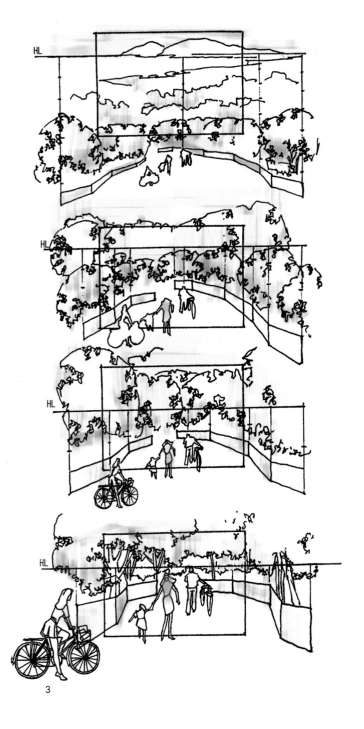

3.4 组织画面应注意的问题

线的应用：线条是手绘中的基本元素，线的练习是重要的基础训练，它的变化能呈现出物体的量感、质感和美感。线条可以表现物体的轮廓，也可以用于细节的刻画，铅笔排线的轻重，能反映阴暗层次，钢笔则以线条的疏密来表示。

在描绘物体的结构时，可以通过运用阴影线来表现出明暗的层

1 练习勾线 灵活应用
2 画不同的明暗调子
3 视距远近不同画面也不同
4 玻璃画法

次感，浓密的阴影线还能准确的表现刻画出物体在光下的结构空间状态。

光影效果：光会使物体充满生气，显得明亮，从而突出了外部特征，并能将物体的三维空间结构真实的显示出来。例如：画反光玻璃时，上面应映射周围元素的投影，并表现出光线的对比关系。

明暗规律：明暗关系的对比，可将画面的形象显示出来，暗的物体可以衬托在亮的背景上，亮的物体也可以衬托在暗的背景上。背景都是亮的，中间物体应用暗的轮廓线；背景都是暗的，中间物体

3

1 突出建筑结构关系的明暗光影法
2 按光影关系呈现结构
3 强化透视　进深效果
4 屋顶的多样化表现

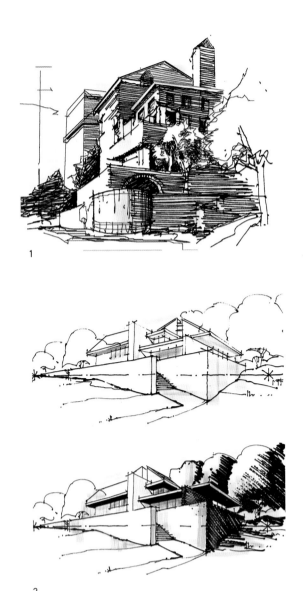

1

2

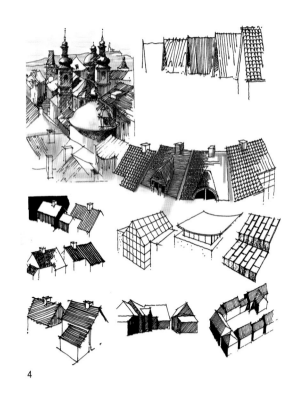

4

123

可应用亮的轮廓线。整体画面的明暗关系应有序地把握，主动调动使其有明显节奏感。

视平线：视平线的应用是灵活的，画面中的人物大小，高低都与视平线有直接关系。高视平线视野无阻碍，层次会更清晰，适合应用在群体的表达中；低视平线经透视后，场景显示复杂、空间层次分明，前后景物也可在低视平线的应用中产生远近空间关系。

在着色前最关键是要确定出画面的主色调，根据画面的需要可

选择冷色和暖色作为主色调。如果没有较好的色彩策划构思往往画面不会达到理想的效果。为使主色调变得更加丰富，可添加一些色彩来进行点缀与衬托，这些色彩面积不宜过多过大，搭配要和谐，对比要适度。

在色彩运用中可以通过色彩的纯度、明度及冷暖来表达前后的空间感。前景及物体受光部分色彩一般较为饱和明亮，会增加空间前倾性，而后景与物体暗部色彩饱和度降低，颜色偏冷，会增加空间的纵深感。在着色过程中还需要对画面明暗以及素描关系有良好的把握，作画一段时间后，应对着画面进行冷静思考与观察，进而准确及时地调整画面，最后使画面达到和谐统一，具有完美的视觉效果。

1 人物在场景中的表现强化透视　表现空间距离感
2 同一线型表现不同树型，不同线型表现同种树型
3 物体实景参照
4 周边亮区衬托中间暗区
5 周边暗区衬托中间亮区

1

2

3

4

5

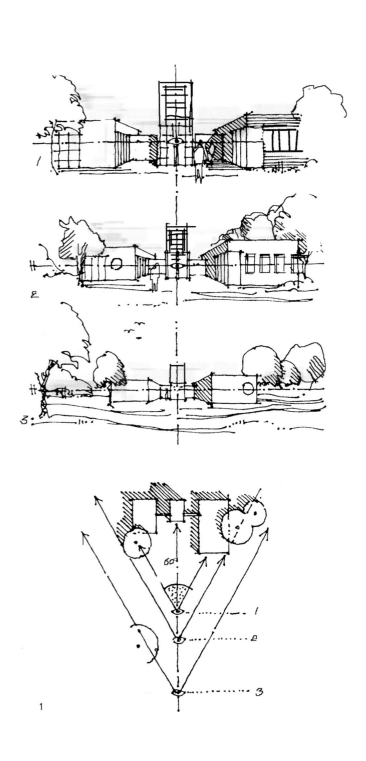

1 平行透视法应用实例

2 视点同在一条视平线上，不同空间距离的人物透视效果

3 同一物体在视距相同视高不同时，所产生的不同透视效果

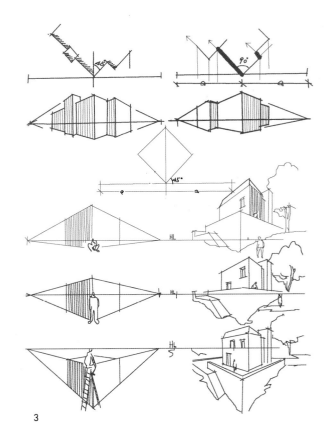

1、2 画面相同，不同明度对比其效果截然不同
3 不同明度对比，组成画面素描关系是不同的

1

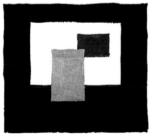

2

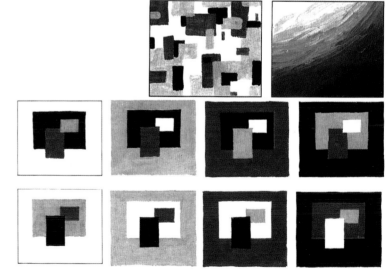

3

1

1 Vero Beach　作者：Frank Webb
2 作画时，有意识对画面的素描关
　系进行一番策划，使其达到最佳
　的明度对比，以表现恰当的空间
　结构
3 人物在场景中的表现,强化透视、
　以表现空间结构

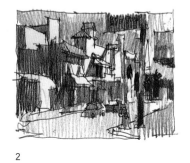

2

3

适合训练透视的方法有很多种,经常徒手画出各种角度的透视吉普车,手表及家用电器,可以迅速掌握透视原理,提高空间表现能力。

1 徒手画吉普车各种透视,有利于训练表现物体空间关系能力

2、4 徒手画手表各种透视,训练表现弧线透视关系

3 通过对客观形体多角度、多视点的透视分析,有利于加深我们对形体三维尺度的理解。

5 几何形体的三视图,用立体光影的方式表现,是认识空间形体的最基本方法

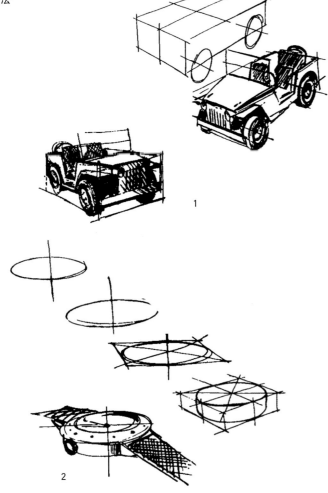

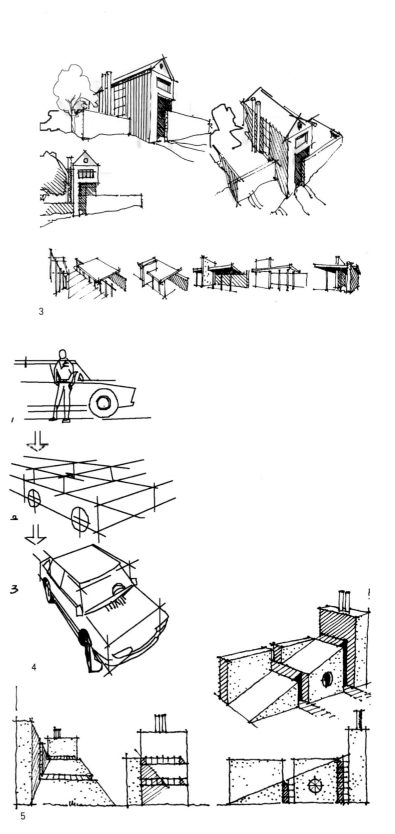

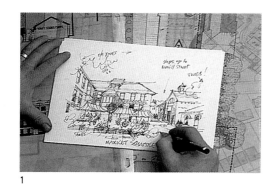

1

2

3

4

1 较好的体现了画面的疏密关系，前、中、远景的处理适当合理

2 线条表现流畅，生动自然，清晰硬朗。阴影线的运用良好的体现出了光影状态下的空间结构

3 主色调为暖色，通过屋顶、天空、玻璃的冷色与画面主色调进行对比，使色彩丰富和谐

4 色彩明快，笔法简练，表现手法自然轻松，是一幅成熟的手绘作品

4

第四章　手绘表现分类与赏析
Classification and Appreciation of Hand-Drawing Representation

第一节 创意手绘表现的分类与比较
第二节 优秀表现图欣赏

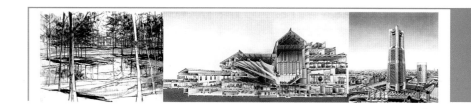

第一节　创意手绘表现的分类与比较

手绘表现以其目的和功能性大致划分为主动创造性手绘和被动依赖性手绘两类。

1.1　主动创造性手绘表现方式

人的创造能力源于人的思维，思维源于人的经历和知识积累。主动创造性手绘，是一种综合创造表现手段，同时又是一种对空间环境、调研理解的过程，也是思维系统性、创造性的综合表达的展现。主动性手绘创意表现恰恰能迅速体现设计师的灵感和创造，并能在短时间内反复推敲和改进设计方案，丰富设计的全过程。手绘与创意思维的密切配合，能更有效地将其设计师的最初意图表现得更加淋漓尽致，使其设计语言更加经典、完善。

主动创造性手绘的目的是把设计表现得更加完美，在创意思维闪现得过程中，技法表现为附属地位，所以主动创造性手绘的技法，是自然流露的，以单纯、精炼、流畅为表现特征，完全是一种思维形象化的表现。所以许多著名的世界建筑师，室内外环境设计师常把手绘作为创意设计表现手段，快速记录瞬间的灵感和构想，并贯穿设计始终。

1.2　被动依赖性手绘表现方式

被动依赖性手绘，是一种无创造性的手绘方式，目的是为了图面单一完整的效果表达，把图面效果放在第一位，这些很少有创造性的工作任务，大部分是职业的插画家在作，千篇一律地追求表现技法，技法占主要地位。它只是单纯地作为一种表现手段而存在，并不是为了表现设计者的意图、设计思想、创意等等。

手绘表现图从形式上看，还可分为五种不同的应用形式。详见手绘表现图形式比较一览表。

1.3　手绘创意设计有无限的发展潜力

在高科技发展的今天，手绘创意设计图所表现出来的语言传递及其独有的艺术魅力，是电脑效果图不能取代的。快速创意设计手绘效果图不仅是作者与读者交流的一种手段，同时也是设计师在创作过程中智能和技能的综合体现。

坚持手绘和创意思维同步，不仅用于设计的前期策划，而且贯穿于全部设计过程，是成功设计师与著名设计事务所、公司的共同选择。伴随设计方案的不断深化，设计师又面临设计创意定位后的新的问题。施工工艺、细部节点、材料选择、环境衬托等，都需要敏感和快速的手绘图进行相互研讨，使问题得以解决。因而，手绘创意图并不是表面文章，要解决的问题是多样化的。但共同的特点是快速、一目了然地解决实际问题。大师的成功经验告诉我们，手绘创意图是电脑不能替代的，它有无限的发展空间，将是未来设计必然的选择。

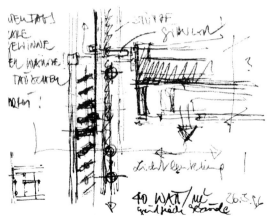

哈勒机场的技术工场和停车场　记号笔　描图纸

韩国釜山　猪口荣一

132

手绘表现图形式比较一览表

类别 / 性质	视觉艺术 欣赏性手绘图	设计创意气氛 效果图表现手绘	图解方式 目的性手绘图	技法 研究性手绘图	创意草图 表现性手绘图
特征性	艺术欣赏性	实用性	分析性		
目的性	纯艺术欣赏性 为多投标为辅	设计方案投标、商 业推广、 创意设计表现	解决问题为出发点、 目的性极强	技术训练、 基础研究	方案策划、形式语言 探寻、设计定位
表现手段	水粉、喷绘、水彩、马 克笔、彩铅、勾线等 多样性、完整性	手段多样性、 临场感强	局部性、单一色彩或线 条、工艺过程阶段性	多样化	速写、草图性、 随意性
情感因素	感性强于理性	感性理性综合	多理性化	多理性化	感性强于理性
技术难度	高	中	高	高	中
时间性	常以工作日计算、往往 在投标前、后期	小时计算、短期、 投标后期	快分钟计算、短期、阶 段性、投标中期、后期	长、中、短不确定	方案前期、随机性、 快速度、分、 小时计算
表现性	全面因素的表现、技法 熟练、写真性、	夸张、浪漫、 气氛浓烈	写实性、可实现性	风格化、形式美、 个性化	单纯化偏重于感受性
应用范围	展览、投标	投标、对外、 传播性	内部交流、研究性	学术研究领域	策划设计研究人员
重视程度	一般	重视	重要容易被忽视	一般	重要容易被忽视
投入人群	高校专业学生、有造型 艺术学习经历的社会 人士、从业人员为多数	创意专业人员	技术人员、设计人员、 工程监理人员	专业爱好者	主创人员及设计师
创意价值观	艺术创意	创意应用性	偏重应用性		

第二节 优秀表现图欣赏

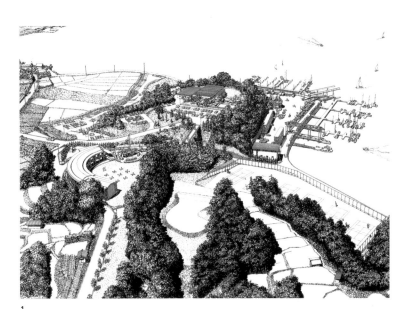

1

1 立川博章 Enlarge Plan for Yamaha Marina Hamanako Training Center
2 斯图加特的克罗那广场 铅笔 草图纸
3 科隆的瓦拉夫·理查德博物馆
4 科隆的瓦拉夫·理查德博物馆 墨水 水彩颜料 手工纸
5 立川博章 "云峡"
6 哈勒大学的会议大厅和旅馆 记号笔 描图纸

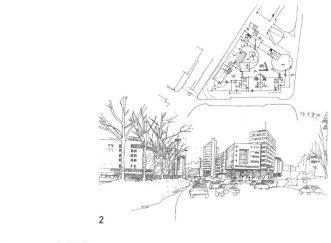

2

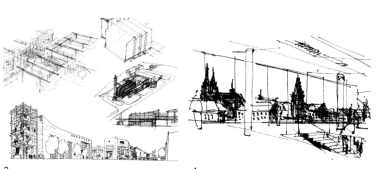

3

4

5

6

1

2

3

4

1 POMPIDOU CENTER
2 ONTARIO PLACE
3 SAN FRANSISCO
4 吉祥寺

136

钢笔草图

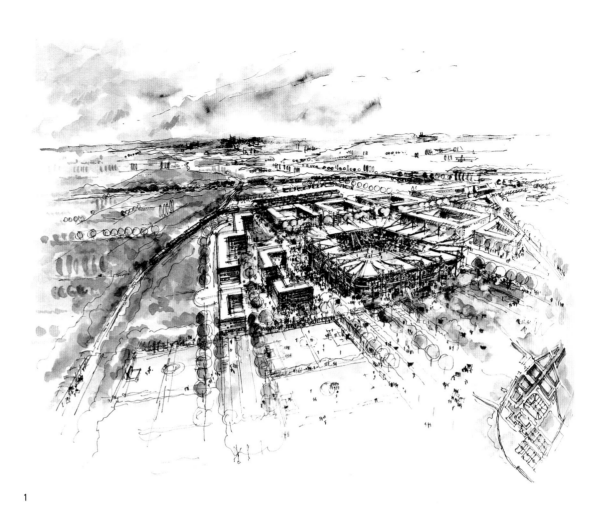

1 穆兴巴赫的诺德帕克体育场　城市建设
图　墨水　水彩颜料　纸
2 柏林中心的住房和商店　彩笔　描图纸
3 科隆的瓦拉夫·理查德博物馆　墨水
水彩颜料　手工纸
4 科隆的瓦拉夫·理查德博物馆　墨水
水彩颜料　手工纸

1

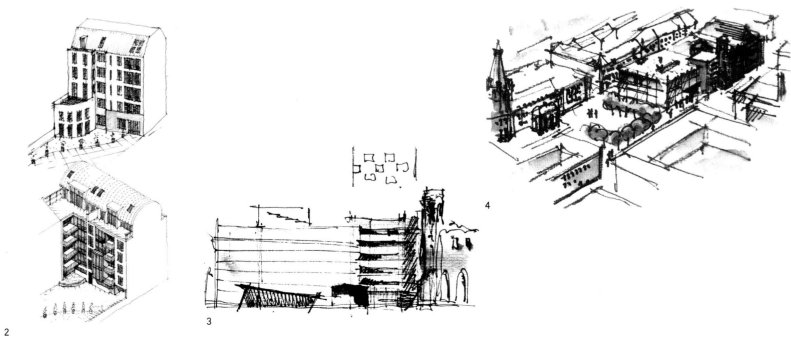

2

3

4

1 柏林特姆伯豪夫的住房设施　彩笔　草图描图纸
2 柏林的教堂广场　钢笔　彩色铅笔　纸
3 柏林特姆伯豪夫的住房设施　彩笔　草图描图纸
4 柏林格林瓦尔德的住房设施　铅笔　记号笔　纸板
　制图者：马丁·盖耶

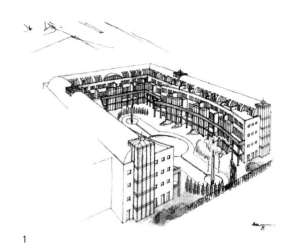

1

2

138

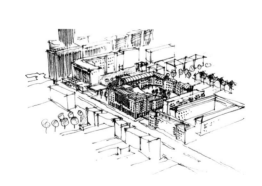

3

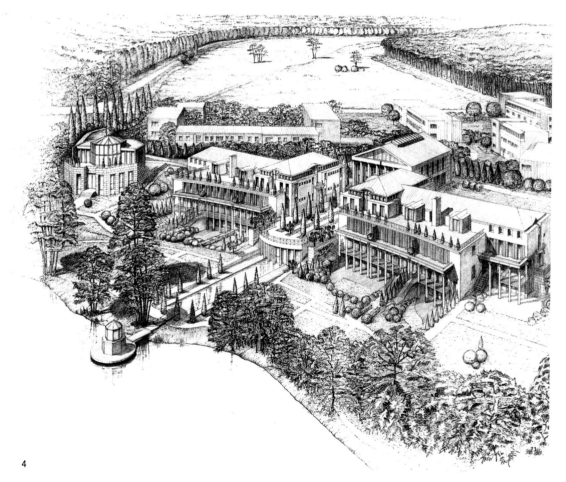

4

1

3

2

1 铁木英人　fisherman's
2 铁木英人　tropical
3 铁木英人　jeannel's dress shop

1

2

1 东京都港口　金泽活　清水建设
2 东京都港口　金泽活　清水建设
3 金泽活　minato mirai 21　land mark town
4 东京都新宿区四谷　鹿岛建设株式会社
5 川峻介　爱媛县木山市

3

4

5

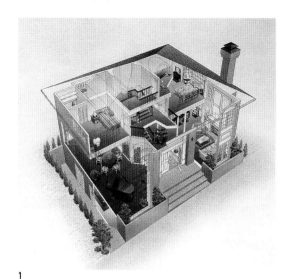

1

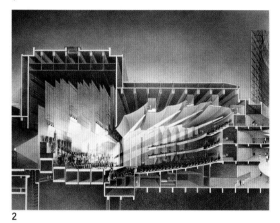

2

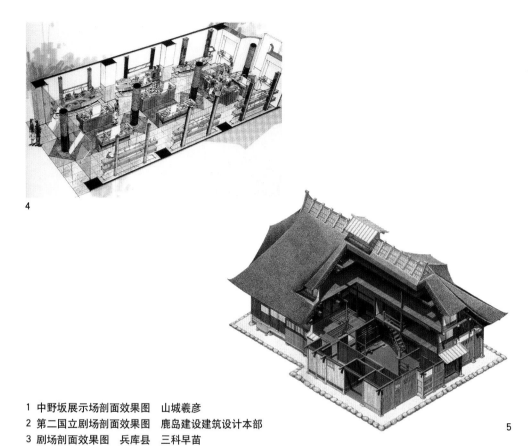

4

1 中野坂展示场剖面效果图　山城羲彦
2 第二国立剧场剖面效果图　鹿岛建设建筑设计本部
3 剧场剖面效果图　兵库县　三科早苗
4 商业空间剖面效果图　丹青社　宝琢市
5 山形县旧涉谷家建筑剖面效果图　织田实嗣

5

3

1 Proposed Stage Set Roman
2 添田寿太郎　郡山市竹内佐藤邸
3 Propsed Plaza Olympics 2000
　Istanbul Turkey
4 神奈川県 丹野晶子
5 坂井田复实 espoir miznho

1 空山基
2 桥本浩一　Hand—Made
3 白井秀夫　highrise town tsurumaki 6
4 香川县　川岛俊介
5 宫城县仙台市　安士实
6 阿智邑隆　cosmo dogaya

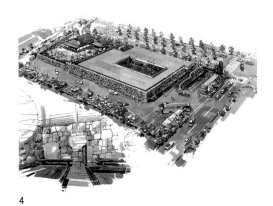

1、3 安士实　山形县山形市藏王
2、4 安士实　东京都新宿区
5 安士实　东京都

1

2

4

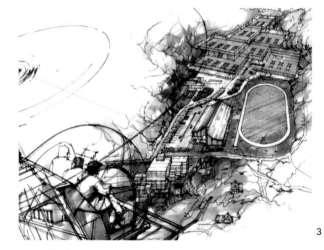

3

5

1

1 Thomas W.Schaller，AIA
2 Lloyd Center Food Court Portland OR
3 山地别墅

2

3

1

2

3

1、2 Line & Color
3 安士实　东京都新宿区
4 美国建筑画勾线淡彩

4

设计事物所名称 PETER WALKER AND PARTNERS
LANDSCAPE ARCHITECTURE
DEFING THE CRAFT

1 View at HUD building
2 主要路段景观
3、4、5 不同的季节在广场上进行不同的
活动

2

1

3

4

5

1 城市规划设计草图
2 城市规划设计草图
3 城市街道景观
4 Crly and river—basin relationship
5 路旁的发展状况
6 Crly and river—basin relationship

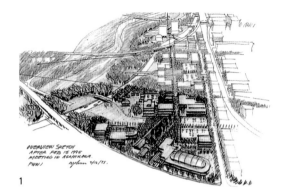

1

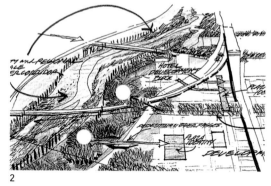

2

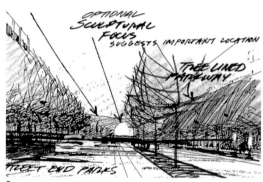

3

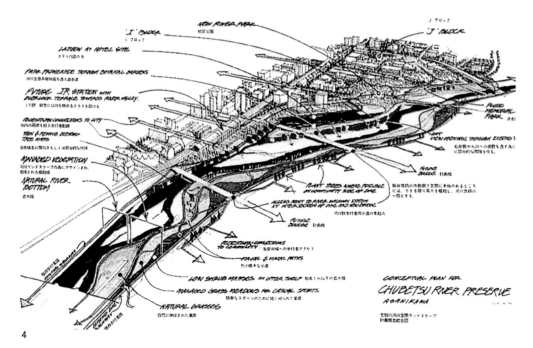

4

5

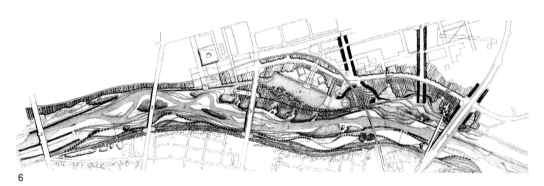

6

148

1

2

1 Burt Hill Kosar Rittlemann Associates
2 美国建筑画墨线水彩
3 美国建筑画勾线水彩

3

1

1 马克辛　张雷　鲁迅美术学院
2 郎银河　鲁迅美术学院
3 马克辛　张雷　鲁迅美术学院

2

3

1 马克辛 冯雷 鲁迅美术学院

1

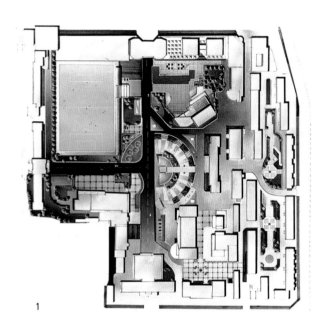

1

3

2

1　王世刚　鲁迅美术学院校园规划平面图
2　王世刚　鲁迅美术学院校园规划效果图
3　孙学彦　住宅小区建筑景观效果图

1 张强　汉代文化博物馆方案
2 Roberts Partnership
3 马克辛　沈阳绿岛国际俱乐部入口设计
4 马克辛　沈阳绿岛国际俱乐部别墅设计

3

4

这是张 20 世纪 90 年代的一个普通美国家庭，母亲指导两个孩子学习应用计算机。从中可以看到计算机在全世界应用的广度和深度。计算机的应用预示着第三次产业革命的出现。信息化数字化成为当今社会板块的重要组成部分。20 世纪末计算机进入日常工作生活，而且其图形处理技术相对成熟，多种应用软件从二维到三维到动态影像处理等一应俱全。人们开始对传统的手绘草图不屑一顾，真实的计算机再现效果令人们惊叹不已。人们不再为手绘图纸的真实效果所需要的长期实践而浪费时间。计算机表现图成为建筑设计师和相关专业人士及高校学生的最佳选择和他们研究设计的热门话题……计算机图形技术的应用，引发了世界范围内的设计表现图的革命。

人们在快节奏、高效率的社会机制平台上运动。数字化、信息化、商业化是当今科技蓬勃发展的体现。在人们喜悦于科技带来的社会生产力迅速发展的同时，商业化、庸俗化、国际化成为束缚人们思维创造、个性发挥、人性存在的枷锁。建筑等相关设计也是在这种社会背景下孕育出的遗传设计。

进入 21 世纪后，设计师们猛然惊醒于自己"庸懒"、"速成"的思维误区，顿悟于自己对手绘表现的扁见而感叹于对计算机表现的宠幸，感叹自己对设计思维创造本质的初浅认识。人们终于懂得计算机表现图中是创意思维原点的克隆；只是思维最终形成的一种表达方式而已。它的完成不可能体现设计师高超的灵感和深厚的文化积淀。只有手绘创意表现图才是思维灵感不断深化的原动力和由感性到理性演化过程的最有力媒介……

设计师表现图不是以技法的纯熟和真实的客观再现为终极目的，它的生命力存在价值在于思维的过程、创意的延续。

目前很多设计师都认识到了这一点，甚至在创作计算机表现图时也把它制作成为手绘效果……人们已认识到计算机、手绘二者的相互关系。本书作者也只在推动人们对这种关系的认识过程，进而提高广大设计师的思维创造能力，从而推动中国设计行业迈向新的里程。

1

2

3

1 主语城　北京羽人时代建筑设计咨询有限责任公司
　（绘图单位）
2 这是张 20 世纪 90 年代的一个普通美国家庭，母亲指
　导两个孩子学习应用计算机。
3 东丽湖　北京墨臣建筑事务所　北京回形针图象设计有限公
　鸟瞰图

1

2

3

1 东丽湖　北京墨臣建筑事务所 北京回形针图象设计有限公司　场景效果图
2 沈阳白塔居住区　泛道国际设计咨询有限公司
3 东丽湖　北京墨臣建筑事务所 北京回形针图象设计有限公司　建筑效果图

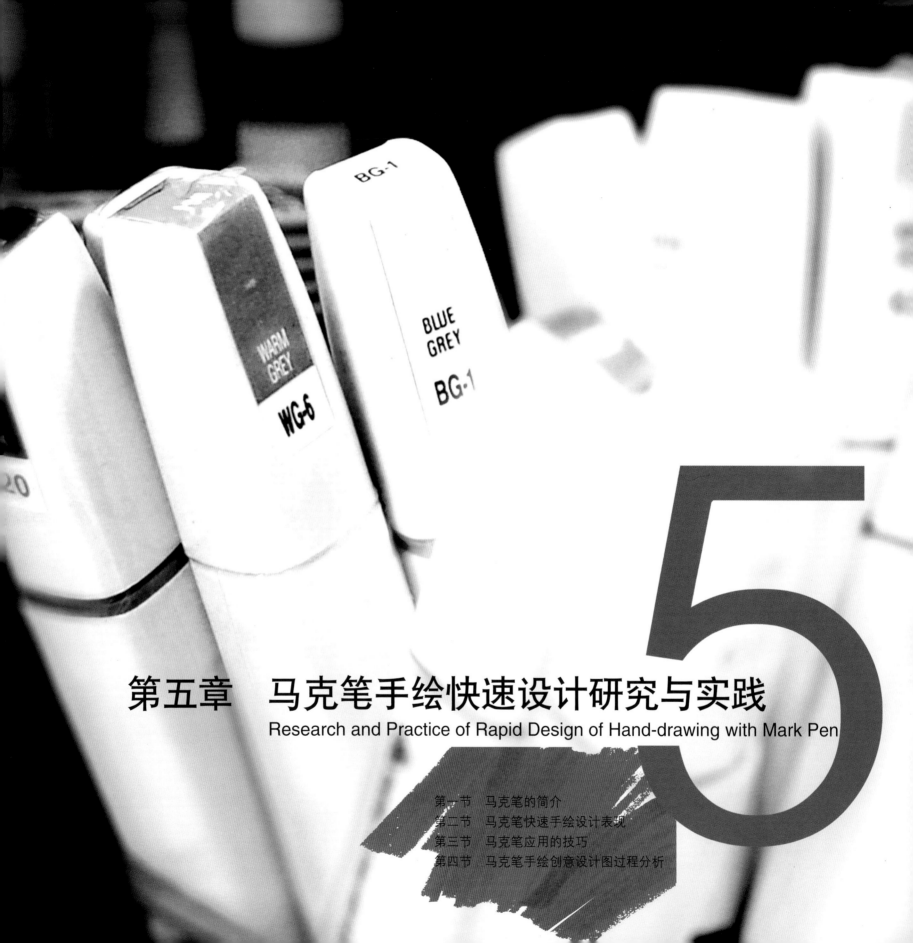

第五章　马克笔手绘快速设计研究与实践

Research and Practice of Rapid Design of Hand-drawing with Mark Pen

第一节　马克笔的简介
第二节　马克笔快速手绘设计表现
第三节　马克笔应用的技巧
第四节　马克笔手绘创意设计图过程分析

第一节　马克笔的简介

马克笔的应用，在我国已有10多年的时间，之前在建筑设计和平面设计行业中开始只有少数使用。在日本、美国马克笔的使用已有近三四十年的历史。如今，多种品牌水性油性的马克笔摆满了货柜。与水彩、水粉及其他材料相比马克笔作图有很多的优势，倍受设计师喜爱，已成为建筑师和设计师的主要工具和主要的作画手段。翻开建筑师成功的设计业绩，我们能很明显的看到，马克笔在大师手中，挥洒自如，生动、准确地体现设计创意，精彩的作品令人惊叹。

如日本建筑大师安藤忠雄，2004年应邀在上海举办建筑设计作品展，作品令中国观众惊讶。整面的墙壁上，贴满了大幅面手稿，都是以马克笔与彩铅结合的手法而作，像他这样的成功建筑师亲自动手，用马克笔直接进行大幅面的草图（即方案）景观规划设计也大有人在。正因如此，我们有必要对马克笔快速创意表现设计进行专门的深入研究并投入创作和实践。

第二节　马克笔快速手绘设计表现

快捷、方便，应该说是马克笔的最大的特点，与水彩、水粉等其他绘画工具及手段相比，马克笔有很大的优势。即画、即干，色彩明快，基本上不受纸张的局限，不同纸张做画还能产生不同的艺术效果。表现性强，不用调色，节省时间，携带方便，可以在近百种灰色和纯色系列中直接选择。也正因如此，精确选择马克笔仅有的色彩经过叠加能准确概括刻画出物体的结构状态，更显画面简洁明快，硬朗，有很强的表现力。

马克笔笔尖多数是用吸水仿木纤维和吸水尼龙复合材料制成，比较坚硬，运用徒手和借助直尺等多种作画方法，线面表现能粗能细收放自如，水性马克笔比油性马克笔更坚硬，适合于精细刻画，但水溶性较差，面积较大时，能留下叠加重复的笔痕迹，不够均匀。但利用好这一特点，也可使画面生动。

相比之下油性马克笔画起来更像水彩，因为有很好的水溶特点，在十几秒内垂笔不留痕迹，这样画较大的面积时也能控制得比较均匀。由于油性马克笔色液是由挥发性高的酒精甲醛类液体构成，吸水力强，挥发较快，密度较低的纸张画起来不容易掌握。最好使用马克笔专用纸。

马克笔携带方便是其另一特点，体积小，可随身携带，是设计师在设计策划时，最理想的表现工具。具有笔、色、调色板三种功能，无需像水粉水彩一样。马克笔的色彩优势是最为明显的。细心观察不难发现，马克笔笔身，都注有编号，厂家按色标编号生产，保持永久的稳定。设计师作画时，可以直观看笔上的颜色或编号。挑选便捷节省了大量的时间。

不论水性还是油性马克笔，画面色彩都呈现明快的效果，这是因为马克笔的颜色几乎是全透明的，这与不透明水粉和半透明的水彩有很大的区别。透明的色彩画在白纸上，几乎完全的衬托出鲜明的色彩个性。这也是构成马克笔优势的另一特点。除此之外，马克笔还有一大优势，就是能与其他工具配合使用。与水彩、水粉、墨线、彩铅、涂改液综合使用更加有效的发挥马克笔的表现力。

第三节　马克笔应用的技巧

　　初学马克笔使用有一个适应的过程，开始比较难掌握。水彩可由浅到深逐步作画，水粉的覆盖性可以纠正错误。马克笔一旦落到纸面，则无反悔的机会，需要事先计划好画面一气呵成，败笔只能将错就错，要么只能重新开始。因而马克笔在作画程序上，要求比较严格，这一点对有些习惯用水彩或水粉作画的人来说比较难适应，初学时难度较大。但熟练之后，你会发现马克笔有很强的表现力，有些优势胜出水粉和水彩。这里，介绍几种马克笔表现的技巧。

3.1　同类色叠加的技巧

　　马克笔中，冷色与暖色系列按排序都有相对比较接近的颜色，编号也是比较靠近的，画受光物体的亮面色彩时，先选同类颜色中稍浅一点的颜色画，在物体受光边缘处留白，然后再用同类稍微重一点的色彩画一部分叠加在浅色上，这样，物体同一个受光面会出现三个层次。用笔有规律，同一个方向基本成平行排列状态；物体背光处，用稍有对比的同类重色画，方法同上。物体投影明暗交界处，可用同类重色叠加重复几笔。物体投影可根据投影面的颜色，选择同类的重色画物体的投影关系（切记用同类色作叠加，不能用对比色作叠加）。

3.2　物体暗部和投影处选择中性灰系列

　　暗部和投影处先画，要使用灰色系列，有利于控制画面物体的结构关系和整体画面的空间透视关系，在没上色之前，画面整体素描的关系先强调出来，给进一步着色提供充分考虑的时间和条件。如何选择冷灰或暖灰色，可根据画面的整体色调而定，暖色调的画面，暗部和投影用暖灰色，相反，冷色调的画面，暗部和投影则用冷灰系列。暗部的画法同样用叠加法，画出层次。

3.3　物体亮部留白，暗部色彩要单纯统一

　　马克笔颜色较纯，画面必须留有一定空间的白色作协调色彩，调解画面气氛，同时又能起到空间光感和物体质感表现的作用。切记，必须留白，否则画面将过闷或过艳，而不生动。

　　暗部和投影处，色彩要尽可能统一，尤其是投影处可重一些。画面整体的色彩关系主要靠受光处的不同色相的对比和冷暖关系加上亮部留白等构成丰富的色彩效果。整个画面的暗部结构起到统一和和谐的作用，即使有对比也是微妙的对比，切记暗部不要有大的冷暖对比。

3.4 高纯度颜色使用的规律

画面中不可不用纯颜色，但要慎重用，用好了画面丰富生动，用不好则杂乱无序。

画面结构形象复杂时，投影关系也随之复杂，这种情况下，纯度高的颜色要少用，不要面积过大，色相过多。相反，画面结构简单，投影关系单一，这时，可用丰富的色彩调解画面。就画物体或建筑而言，平整面大时，多用纯色对比，灰白色立体结构变化丰富时，少用纯色，尽可能使用亮色或浅灰色。

当必须用纯颜色画物体时，而且画面中纯色色相变化较丰富，空间面积色彩占有较多时，暗部应采用大面积的重色，地面受光区应大面留白，物体受光区也要适当留白，这样也能保证画面的效果。

3.5 物体高光处理

物体受光处提白线，点高光。所谓提白线，点高光，是指作画程序最后一步，根据画面的具体情况，可在受光处提白线，或者是点白处理。强化物体受光状态，使画面生动，强化结构关系。同时，暗部或光影处，也可以用比较重的线，叠加重复强化投影关系，这样处理能加强画面的整体素描结构关系，丰富画面。

以上是五种马克笔作画的经验之谈，不防提供给初学者尝试一下，仅作为参考。

第四节 马克笔手绘创意设计图过程分析

4.1 作画过程的思维程序化

用马克笔画图，最大的特点是快捷，尤其是对于熟练的马克笔绘图使用者来说，作画可谓"一气呵成"。但画一张完整的设计创意效果图程序带来的便捷，仅提高了着色过程的工作效率，而代替不了设计者思维的过程，用马克笔作画，程序性很强，因而间接的，或多或少的影响了设计师的作画过程思维模式，换句话说，强迫设计者进入有序化的思维状态。

4.2 马克笔作图步骤的排序

1.草图策划阶段

构思阶段：确定目标和范围。查阅相关资料并对资料予以比较，而后把握作画特点，打好腹稿，注意以视觉取胜，表现时要单纯概括。

草稿阶段：作好稿前准备工具，如纸张、铅笔、勾线笔等而后考虑空间状态以及透视角度和构图，草图要简洁直观。

色稿阶段：使用马克笔及马克笔专用纸着色时，把握色彩气氛，对色调进行控制，色调要鲜明，有对比性，但色相不宜过多，保持和谐。

2.正稿绘制阶段

　　线稿阶段：在正稿绘制阶段准备好铅笔、橡皮、三角板直尺曲线板等工具，然后进入正稿绘制时首先确定透视方式，确定视平线高度，注意构图及画面中的前、中、后景和背景处理方法。保证透视准确，疏密得恰富有节奏。

　　着色阶段：着色前把油、水性马克笔，按冷暖排列好位置以备使用方便。①主色调的控制；②明暗色彩统一；③点缀色的选择；④中度灰色衬托关系；⑤画面留白、高光等几点要综合考虑。计划好着色的步骤；注意色彩着色时，要注意色彩秩序关系。形象要主题突出，画面

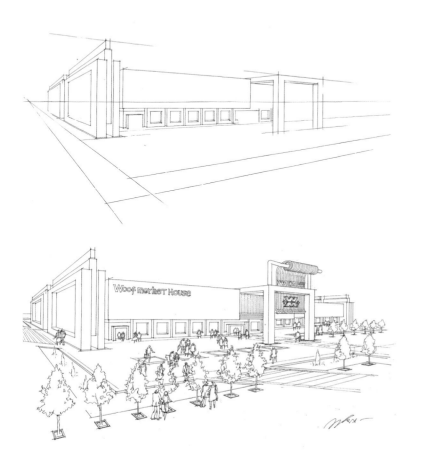

中心区、衬托区和背景空间层次要明确。

3.画面后期调整阶段

画面大体布置完成之后，进入细节调整阶段，先通观全图，考虑原有设计意图是否体现出来，需不需要作改动，在图面上主要表现和次要表现的强化或弱化他们的形象和色彩。深入刻画主体形象，形象不够丰满之处，可用勾线笔随时添加。色彩调整时要注意色彩，冷暖组群关系和色彩秩序。形象要主题突出，画面中心区，衬托部分和背景空间层次要明确。

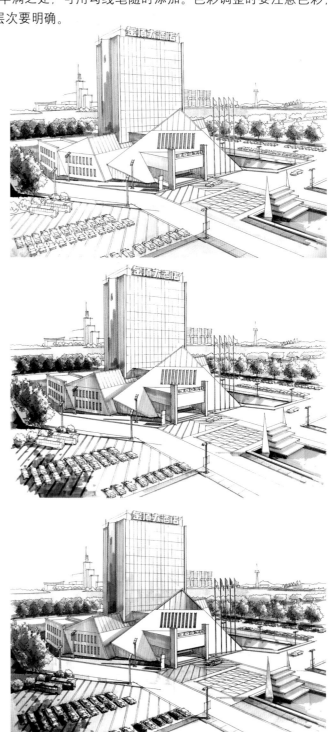

4.作画结束前收尾处理阶段

在这一阶段主要使用马克笔、勾线笔、涂改液等工具处理画面，基本完成后，重新作认真的审视，在构图及色彩形象上没有明显的错误之后用专业涂改液提高光点和白线，用重色马克笔强化主体结构线，达到理想状态，同时在这一阶段应注意，只需对画面进行点睛之笔的处理，重点放在明暗系统的强化及深入，不宜作大面积的改动。最后，签名要精心选择构图需要的位置。

马克笔快速表现作画程序分析一览表

阶段\工作	第一阶段			第二阶段		第三阶段	第四阶段
	构思草图阶段	草稿	色稿	正图起稿勾线阶段	着色阶段	调整阶段	收尾处理阶段
准备工作	查阅资料准备工具	纸张 铅笔 勾线笔	马克笔 专用纸张	铅笔、橡皮、三角板、直尺、曲线板	按色相冷暖摆放好水性、油性马克笔	马克笔黑色勾线笔	马克笔、勾线笔、涂改液
应考虑的问题、所做的工作	画什么？范围的确定。相关资料的比较，把握作画的特点，以视觉取胜，应注意哪些问题等等	空间状态的草图以及选用何种透视角度和构图	色彩气氛的把握、色调的控制	视平线高度的设定，透视方式的选择，构图及画面中的景物前、中、后景和背景的处理方式、疏密关系的考虑	主色调的控制用哪几种马克笔的色彩构成，明暗区的色彩系统，点缀色的选择，中度灰色系列的衬托关系，留白色高光等问题，综合考虑。按程序步骤进行	考虑原设计意图是否体现出来，有何改动，强化或减弱一些形象和色彩。深入刻画主体形象，可用勾线笔添加形象	画面基本完成后，重新作认真的审视，在色彩形象及构图上没有明显的错误。用专业涂改液提高光点和线，用重色马克笔强化主体结构线、达到理想状态
作画时应注意的事项	多看相关资料、多思考，理出清晰的作画思路，打好腹稿，表现时要单纯概括	草图要简洁直观	色调要鲜明、要有对比但色相不要过多、过杂，保持统一和谐	透视比例准确疏密关系有节奏	色彩应按物体结构规律着色，画面结构分两大系统，亮部受光和暗部背光系统，画物体固有颜色要服从于明暗结构系统，应用时，同类色可以叠加、对比色不能叠加、以免色相混乱	色彩调整时要注意色彩冷暖组群关系和色彩秩序关系。形象要主题突出，画面中心区、衬托区和背景空间层次要明确	对画面进行点睛之笔的处理。重点放在明暗系统的强化及深入，不宜作大面积的改动，签名要精心选择构图需要的位置
时间排序	前 期			中 期			后 期

与师生研究设计方案

此设计为"大连主题公园"婚礼殿堂及石头城堡入口区域的方案设计，既满足欧洲教堂建筑的宏伟圣洁，又满足浪漫的婚礼需求，还适应了石头城堡古老端庄的文化气息。

画面协调统一，色彩笔法运用娴熟，重点是对整个大场景的总体把握，同时表现出建筑的比例空间关系。

两张 A3 复写纸，用时 8 小时。

Architecture Landscape Expression 建筑景观表现

大连金石滩主题公园　　　　时间：8小时　　创作日期：2005　　材料：水性、油性马克笔

Architecture Landscape Expression 　**建 筑 景 观 表 现**

城市公共空间设计——休闲长廊　　时间：3小时　　创作日期：2005.2.26　　材料：水性、油性马克笔

　　这幅画是在课堂上辅导学生时完成的，本是要画个小面积景观，但在作画过程中却将亭子越画越复杂，索性就将这幅图的结构关系画的丰富起来了。大量的直线非常清楚地交待了建筑的结构。节点上，直线与弧线、玻璃与石材的相互结合将画面塑造得简洁不失生动，色彩上的弱化也是出于画面完整性的考虑。用时 3 小时左右。

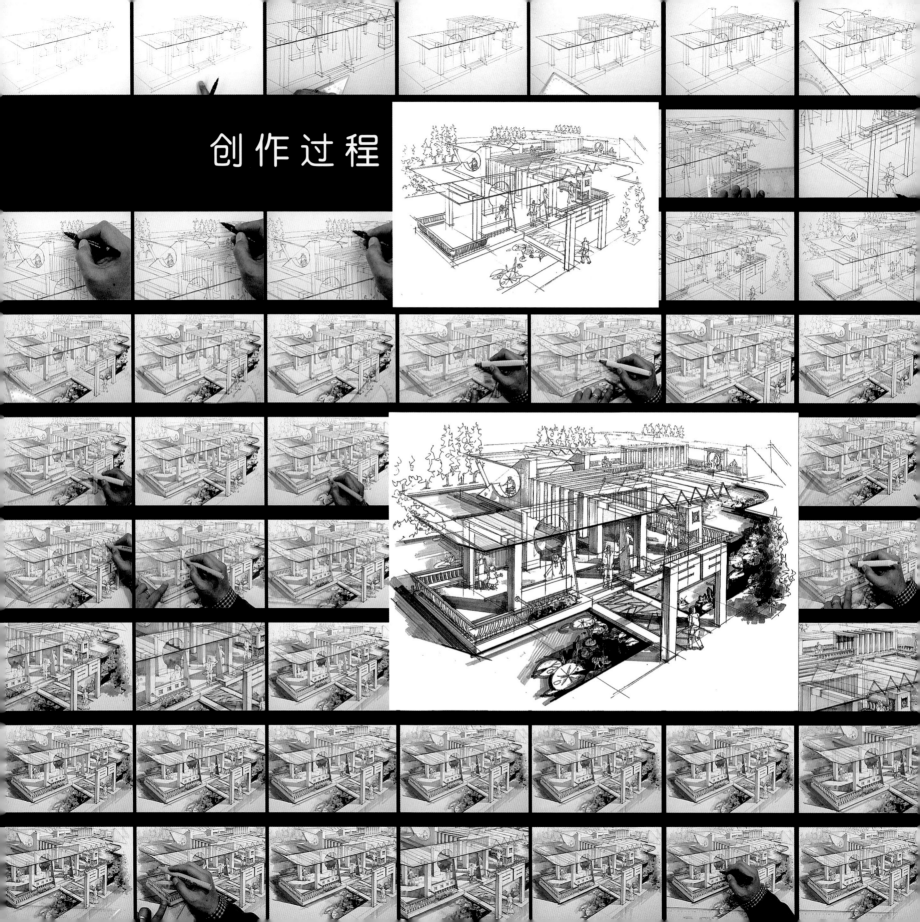

创作过程

乡村公共空间设计　　　　　时间：3～4小时　　创作日期：2005.11.10　　材料：水性、油性马克笔

　　应学生的要求，画一张乡村生态化景观效果图，于是便画了这张以村庄院落为主体的，具有乡村风貌的快速表现图。用时3～4小时。

人物配景　　　　时间：3小时　　创作日期：2005.11.6　　材料：水性、油性马克笔

　　人物作为画面的配景部分，其作用是显而易见的，它能使整个画面的气氛表达得更具体，更活泼，更时尚，更私密，更热烈。也可以作为参照物使要表达的景观主体的空间尺度更直观。另外人物的衣着、配饰往往使用跳跃的色彩来点缀画面，起到画龙点睛的作用。近景人物注重刻画其神态，远景人物注重刻画其动态。

高大乔木

灌木有色开花树种

陶板饰面

张拉膜防雨棚

指示牌
兼广告牌

4500 M

9000 M

城市公共空间设计——公共设施　　时间：3~4小时　　创作日期：2005.12.12　　材料：水性、油性马克笔

　　这幅画是在"城市公共空间设计"课上完成的，是一座公厕的概念设计俯视图，虽说是概念设计，也仍符合它应有的功能，如男女功能的分区，较好的把握了比例、尺度与环境的关系。用时3~4小时。

公园景观设计　　　　　时间：1.5小时　　创作日期：2005.3.3　　材料：水性马克笔

　　此设计图是为沈阳世界园艺博览会创作的生态景观手绘效果图。取俯视角度，远、中、近植物刻画，重轻有序，笔法轻松随意，保持了原生态自然景观的特点。

太原钢铁集团股份有限公司，厂区景观改造草图方案　　时间：15分钟　　材料：墨水　勾线笔

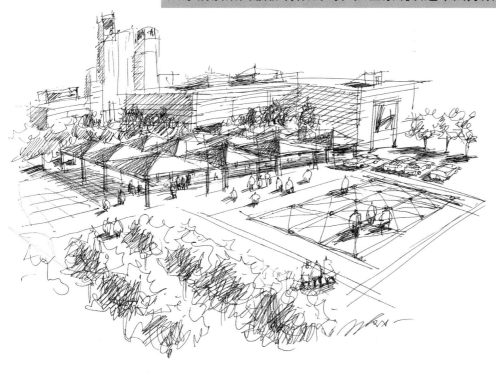

太原钢铁集团股份有限公司——快餐生产线建筑草图方案　　时间：10分钟　　材料：铅笔

抚顺新抚区商业步行街——商业街景观   时间：4小时   创作日期：2006.3.19   材料：水性、油性马克笔

此图为商业街的场景描绘。

在建筑表现中，表现出物体的物质材料特征也是常见和必要的。表面肌理的构成，不管是几何意义的，还是协调运作产生的结构，会成为方案设计的重要特征。横竖相间的表面肌理效果使建筑体更具现代气息，一片玻璃幕墙，一面耀眼的广告画，一座灰色的砌体，一条铺石的街道，简洁的树冠，或是厚重的背景天空......都是组成画面的重要部分。

两张 A3 复写纸，用时 4 小时。

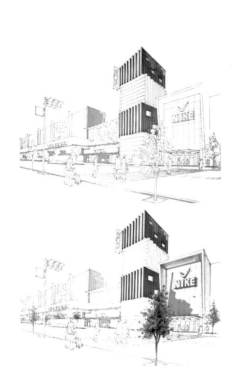

大连金石滩主题公园入口设计　　　时间：6小时　　创作日期：2006.11.11　　材料：水性、油性马克笔

　　描绘建筑景观的外立面的重点是较专业的视点选择，好的视点选择可使所表现的建筑主体看起来更适合人们的视觉需求。

　　此设计为"大连主题公园"入口广场方案设计，其视点选择本身就是一个难度。大量的弧线运用使透视更加困难，但对于整个画面来说这种透视更能体现此入口的高大绵长，更有利于设计的表现。

　　入口从游乐场的性质出发运用柱廊式钢架支撑彩色阳光板结构，有意营造五彩缤纷的视觉效果，极具观赏性。

　　两张 A3 复写纸，用时 6 小时。

交通工具表现　　　时间：2小时　　创作日期：2005.12.25　　材料：水性、油性马克笔

　　这是针对各种车辆的表现图，分别从车辆的不同角度、质感、颜色与人物的关系等角度描绘，对车辆的刻画可以增添整个画面的完整性，也使画面更加灵活、精彩。画的时候着重表现车辆的结构，品牌等。

Architecture Landscape Expression　**建筑景观表现**

大连金石滩主题公园设计　　时间：3天　　创作日期：2005.10.15　　材料：水性、油性马克笔

　　此设计为"大连主题公园"方案设计。

　　主要表现的是欧洲中世纪景观场景。建筑庄严宏伟，有时代特色，广场大面积草坪与雕塑的完美结合突出了整条街的文化氛围。

　　图幅为全开图纸，历时三天时间，全部使用马克笔完成。其中线稿用了将近20个小时完成，上色大约用了3到4个小时。马克笔对于画小幅场景作业有一定的优势，但对于大幅作品来说有一定的难度，这就需要绘图者有对整个大场景把握的能力和对色彩的控制。一幅好的作品，不仅在于画出了建筑的材质、明暗、建筑与建筑之间的关系、对天际线的把握，更在于的是把握场景的氛围、建筑的感染力。通过对周围场地的绘画性的表达，通过对有意义指向的细部刻画，使得图面的内容层次更加丰富丰满。

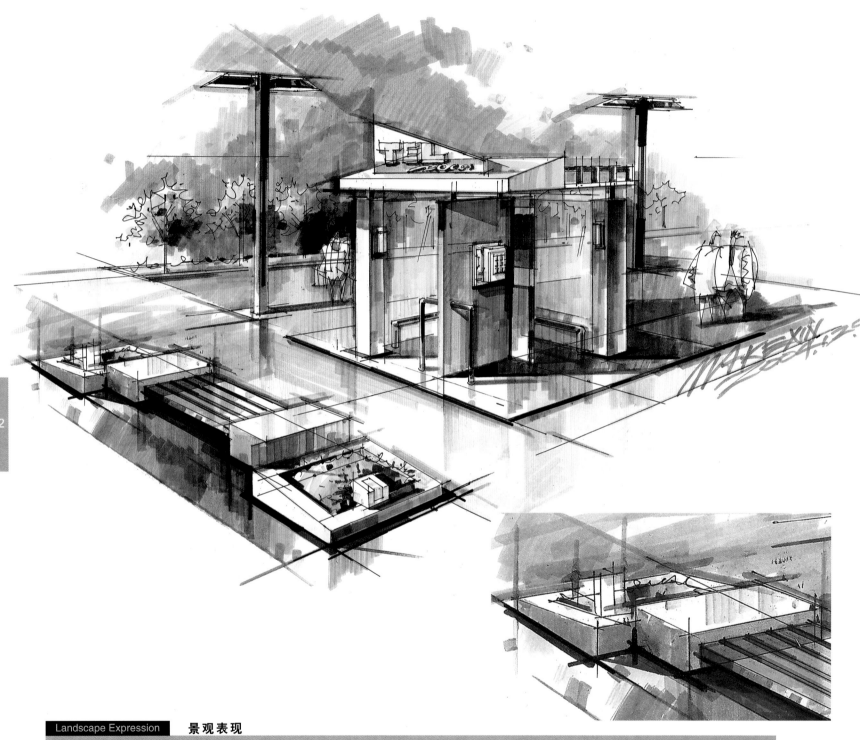

城市公共空间设计——电话亭景观　　　时间：2小时　　日期：2004.12.9　　材料：水性、油性马克笔

　　这幅画是为了使学生了解一些物体的结构、比例尺度和环境的关系，以及怎样用笔、用色，仅此而已。尤其是在对背景和光影的处理手法上，目的性明确，使主体更加明显。用时2小时左右。

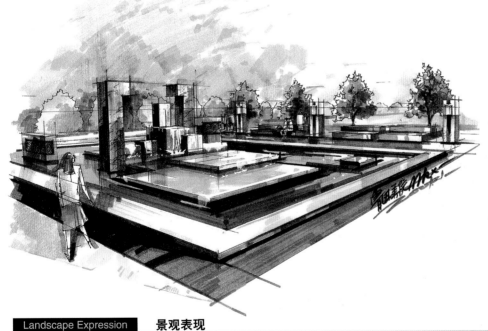

Landscape Expression **景观表现**

城市公共空间设计——水体景观 　　时间：3小时　　创作日期：2001　　材料：水性、油性马克笔

　　水景在景观中往往起到点睛的作用，在设计水景的过程中看似随意，却充满理性。对水的刻画也要洗练不拖拉，用笔干净利索。色彩清淡透明，着意刻画反光部分，水的冷色与周围环境的偏暖色，既相互独立又紧密依存。天空轻快写意的表现手法使画面更活泼。用时3小时左右。

Landscape Expression 景观表现

城市公共空间设计——公共设施   时间：2小时   创作日期：2005.12.13   材料：水性、油性马克笔

大量石头的刻画，有意用同一语言塑造以生态景观为主题的整体气氛，过程一气呵成。用时2小时。

Landscape Expression　**景观表现**

城市公共空间设计——候车亭　　时间：3小时　　创作日期：2001.2.18　　材料：水性、油性马克笔

　　主体景观造型简单，结构严谨，线条之间的穿插关系清楚明了，颜色与造型的契合更加具有冲击力，动感十足。用时3小时左右。

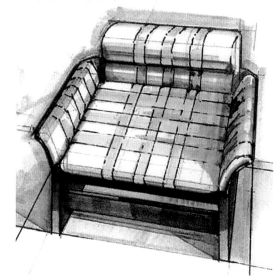

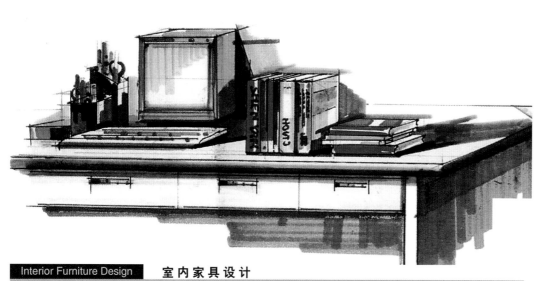

家具效果图 时间：2小时 创作日期：2001.11.18 材料：水性、油性马克笔

这是张室内家具类的表现图，通过光影、质感刻画来表现椅子、沙发、标志牌的结构。快图设计中对细部的深入刻画能使画面细腻更加生动。用时2小时。

Architecture Landscape Expression　**建筑景观表现**

沈阳浑南开发区金顶大厦设计方案　　　时间：3小时　　创作日期：2005.2.4　　材料：水性、油性马克笔

　　这幅设计效果图，是我近期设计图中仅有的一张大型建筑设计效果图。用马克笔的技法画大型建筑，难度很大。大面积、长线条、规矩的几何形内添加色彩，都是马克笔这种工具难以做到的。这幅图上色时用了一些辅助的方法，粘度较低的胶条纸做适当的遮挡。正式上色前还画了色彩小稿。由于画幅尺寸有限，画面内人物和建筑的尺度很难把握，如画人物点景则会显得太小，为使画面丰富，整个图面画了61部车做画面的配景，使画面更显色彩丰富，疏密有致。

色彩示意草案

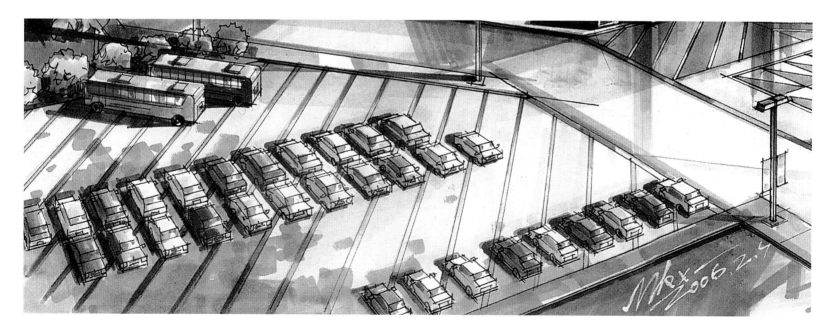

Landscape Expression 景观表现

城市公共空间设计——公园景观　　时间：2小时　　创作日期：2005.12.6　　材料：水性、油性马克笔

　　这幅画分别表现了三幅景观小品，笔法灵活多变，简洁而不繁冗，适当加的人物作为点缀，不仅丰富了画面，也让人们对景观小品的尺度有了更加直观的认识。

　　这幅画也是对一些具体的景观小品作了进一步的刻画，从图上大家可以清楚地看到路灯、休息座椅、果皮箱等小品，不同的尺度标注方法和各部位材质、功能的文字说明，以及它们之间的比例关系。

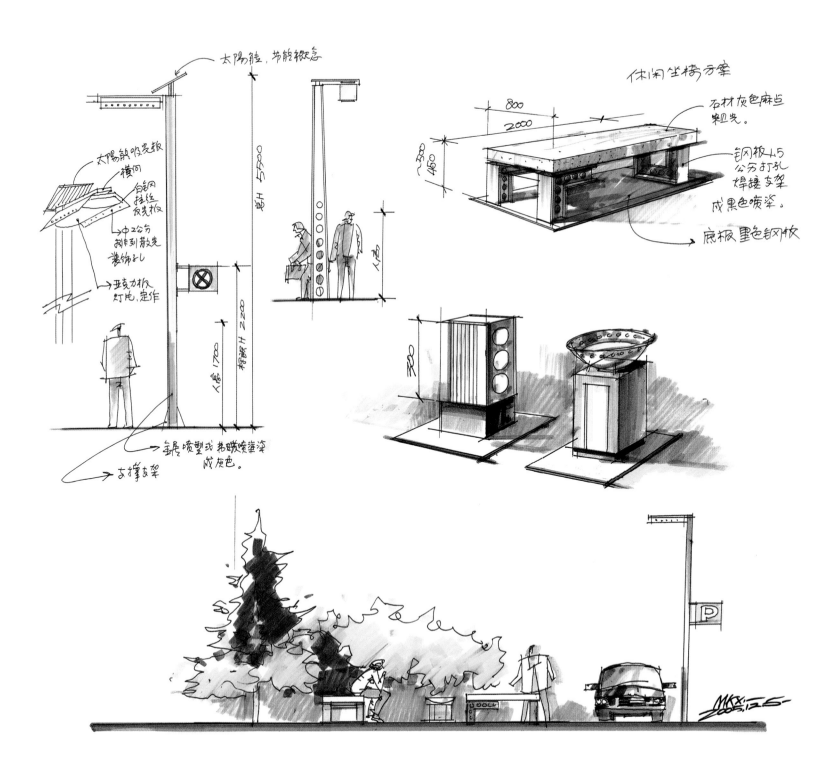

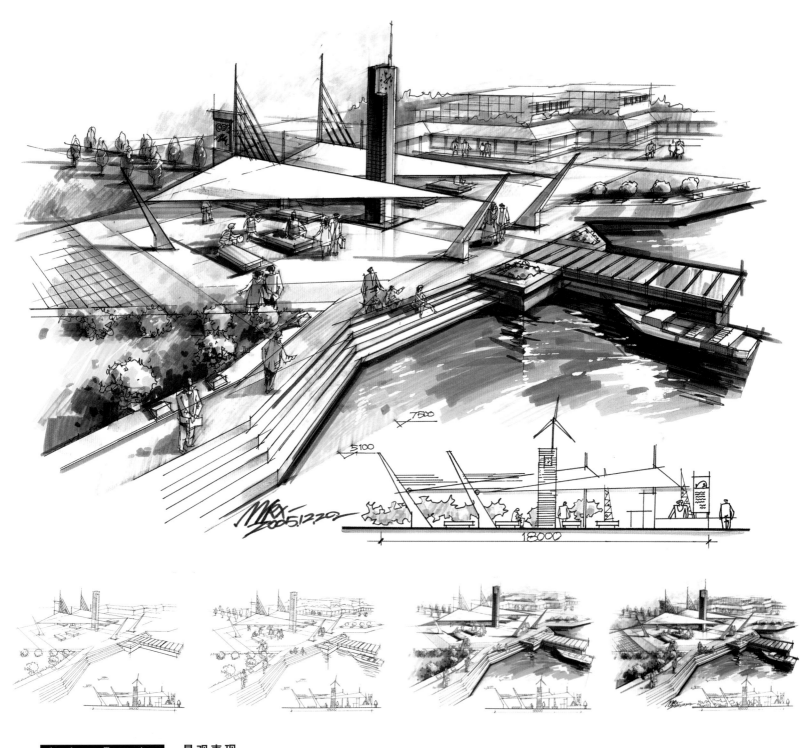

Landscape Expression 景观表现

海滨休闲广场设计　　　　　时间：3小时　　创作日期：2005.12.20　　材料：水性、油性马克笔

　　这是一张滨水广场休息环境的俯视图，视点较复杂，对结构和空间透视要有一定理解，从立面上看较有特点，色彩关系控制较好。用时3小时左右。

Landscape Expression　景观表现

售货摊亭设计　时间：3小时　创作日期：2005.12.31　材料：水性、油性马克笔

　　此图所表现的建筑小品主体虽然造型简单，结构简洁，但通过对人物的细致刻画以及大胆地运用明快的颜色点缀，使得整个画面气氛浓烈，更好地烘托出了现代商业气息。用时3小时左右。

城市公共空间设计——地铁入口　　　时间：3～4 小时　　创作日期：2006.1.3　　材料：水性、油性马克笔

　　这是一幅沈阳地铁入口的创意表现效果图，属休闲广场类，图面比较完整，渗透着浪漫气息。用时 3～4 小时。

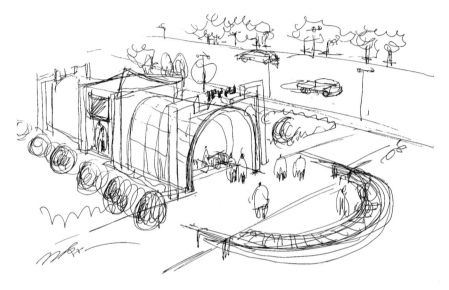

城市公共空间设计——候车亭　　　　时间：2小时　　创作日期：2006.1.7　　材料：水性、油性马克笔

　　这是一张构图完整的具有人性化路边休息亭的景观效果图，手法上注重材质的刻画。不仅满足了对车站功能的要求，而且浓郁的生活气息也是主要表现的目的之一。用时2小时左右。

Landscape Expression 景观表现

交通工具表现 时间：3~4小时 创作日期：2005.11.18 材料：水性、油性马克笔

这幅图分别表现了三组车的不同状态，设计者在画效果图时，对交通工具的描绘也是必不可少的，它们或成为主景或成为配景。在这里大客车停车场作为主景，人物为配景，色彩则带有旅游色的倾向，活泼跳跃。用时3~4小时。

太原钢城服务中心设计方案 | 时间：3～4小时 | 创作日期：2005.11.18 | 材料：水性、油性马克笔

　　这幅设计表现作品是为太原钢铁集团股份有限公司第五食堂综合改造工程而做的设计方案。也是在手绘辅导班课上为学生现场示范。用的8开复写纸，记得起稿阶段没有控制好尺寸，不得不另贴接一张纸来完成。画面效果比事先预想的尺寸大了许多，不过虽然画大了，构图则更显舒展。

沈阳铁西区布艺批发市场建筑景观设计　时间：4小时　创作日期：2006.2.10　材料：水性、油性马克笔

　　为了营造现代气氛，大面积选用白色建筑墙体与周围绿色植物及水体景观环境相互协调，冷暖对比适当，相得益彰，构成了风格独具，色彩和谐的现代特征。

校园雕塑景观——沈阳实验中学广场主题雕塑《腾飞》　时间：3小时　创作日期：2005.11.3　材料：水性、油性马克笔

设计尝试画出用红色钢板制作的现代雕塑效果图。在画面中红色面积较大，周边环境的颜色都必须与红色相协调。绿化的处理也选用了黄、褐色系列，使画面色彩协调统一。

Landscape Expression　　**景观表现**

城市公共空间设计——小品景观　　时间：3小时　　创作日期：2005.12.14　　材料：水性、油性马克笔

　　休闲广场景观中，以水体为创意主线，池中有富于现代感的几何形态构成的雕塑，高低错落的竖向线条如喷泉般富有动感。粗犷的石材与整齐的三角体块，形成鲜明的对比。

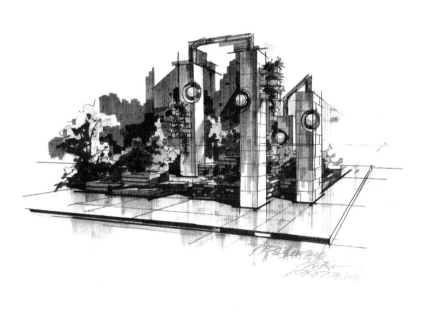

城市公共空间设计——园林小品　　　　时间：3小时　　创作日期：　　材料：水性马克笔

　　这是一组园林小品景观。园林小品景观图都是在课上为学生作的教学范画。题材不大，画面主要体现环境中物体之间的相互关系，准确地把握形体透视关系和色彩关系。

校园休闲环境——沈阳实验中学浑南新校区景观设计　时间：3小时　创作日期：2005.10.25　材料：水性马克笔

　　力图营造校园文化氛围。画面中叠水景观墙体布置在远处，校园信息，标语设施布置在中间，休闲座椅和景观地灯穿插于树荫中。构图完整，结构严谨，错落有致，画面冷暖对比协调。

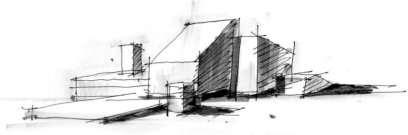

Design Expression 　设计表现

设计草图　　　　　　　　　时间：30分钟　创作日期：2005.9.25　材料：铅笔、油性马克笔

上课中给学生边讲边画的草图，是示范作品。

大连显铭洗浴休闲广场

时间：2小时　　　创作日期：2005.6.8　　　材料：水性、油性马克笔

　　这张图是为手绘班学生作的室内景观范画。当时我指导研究生正在给大连显铭洗浴中心作创意设计。带着项目设计作画，给学生学习、观摹提供了便利。

Landscape Expression　　**景观表现**

园林小品景观——沈阳实验中学休闲广场雕塑设计　　　　时间：2.5小时　　日期：2001.2.27　　材料：水性马克笔

抽象的"花蕾"形象，象征着学生时代祖国花朵含苞待放。色彩明快，形象概括，主体突出，构图完整。

卧房设计方案 | 时间：3小时　创作日期：2002.6.2　材料：水性马克笔

　　这张设计效果图是课外手绘辅导班上为学生而作的。作画前，一名学生建议我用马克笔中紫罗兰的颜色画这张图。我问："为什么？"她说："紫罗兰色彩没看见有人用好过，而且我也喜欢这种颜色。"其实我也很少用，我接受了她的建议，并用紫罗兰色作为主色调画了这张效果图。

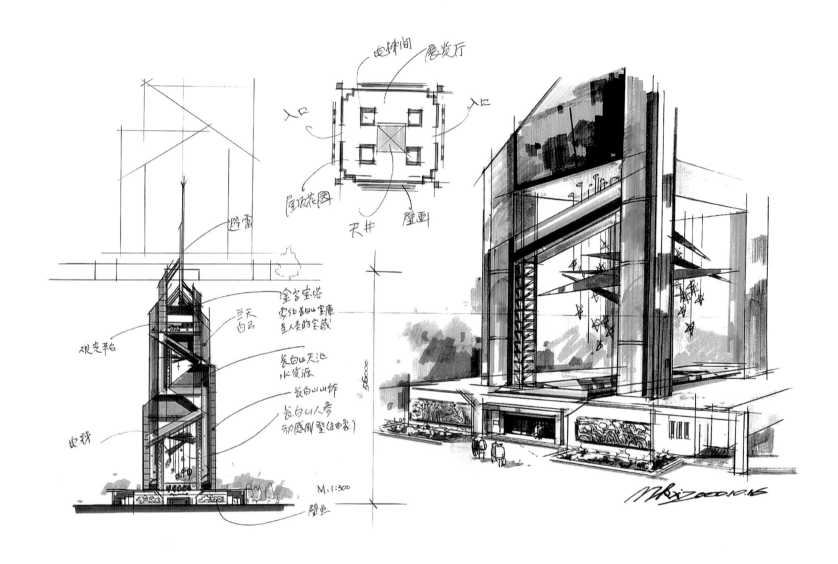

图中标注文字：

电梯间　展览厅
入口　　入口
屋顶花园
天井　　壁画

避雷

金字宝塔
实仕著山宝库
主人类的宝藏

蓝天
白云

长白山天池
水资源

观光平台

长白山山体

长白山人参
动感倒型（好内容）

电梯

M:1:300

壁画

地标性建筑——吉林市观光塔

时间：2小时　　创作日期：2000.10.16　　材料：马克纸、水性马克笔

　　这幅画的表现手法是创意方案投标中常用的手法，是2000年为吉林市观光塔——地标性建筑方案作策划。在研究生的课上，和学生们一起分析了它的空间、尺度、环境、位置以及功能等。塔的底部为城市建设展览馆，上部为20多层（约50m）的观光塔，具有典型的旅游功能，动感雕塑象征着人参花果，观光塔身主要体现了东北白山黑水的地方特色。在设计上安排了四个垂直箱式电梯和多个扶梯，塔顶有金色宝顶镶嵌，塔身中部配有小型超市等功能设施，此图其实既是草案也是教学实录，它并不是什么完整的方案效果，仅是草图供大家分析。左图是色彩立面，右侧则为以动感雕塑与结构空间为主的环境。

办公空间　　　　时间：2小时　　创作日期：1999.3.12　　材料：水性、马克笔

　　以暖褐色为主调，画室内设计表现图是比较稳妥的颜色选择。开始学画时可在褐色系统当中选择三种同类颜色，褐色系列有褐色、浅褐色、深褐色、浅黄色、棕黄色和橘黄色，这样搭配起来比较容易烘托画面气氛，容易控制画面效果。

　　这是一组思维过程比较完整的设计草图。有平面功能分析图、从海上看陆地静态轮廓图。这样会使整个设计更加充分，为下一步的深化设计打下基础。

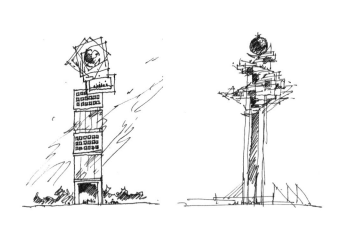

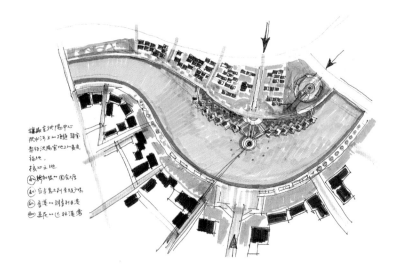

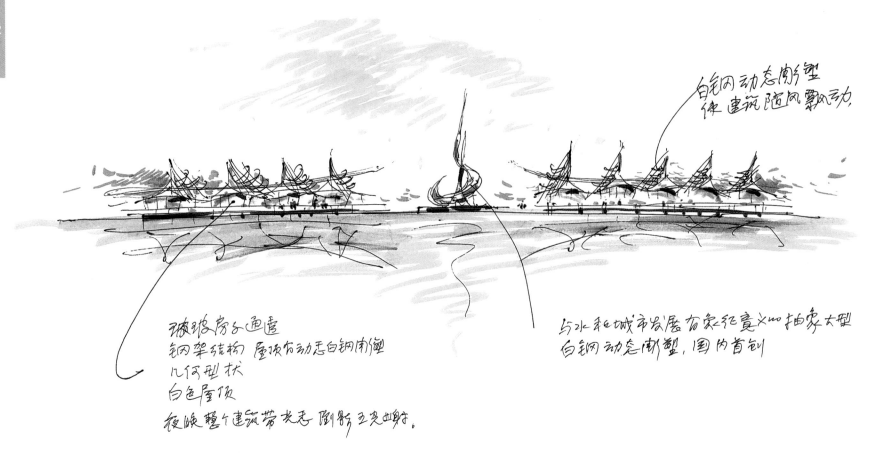

雕塑景观表现草图 | 时间：1小时 | 创作日期：2005.11.3 | 材料：水性、油性马克笔

雕塑景观设计草图，充分把握建筑的空间尺度和建筑与周边的构成关系和比例。笔法轻松、写意。在画面整体控制
上要大气，统筹全局。

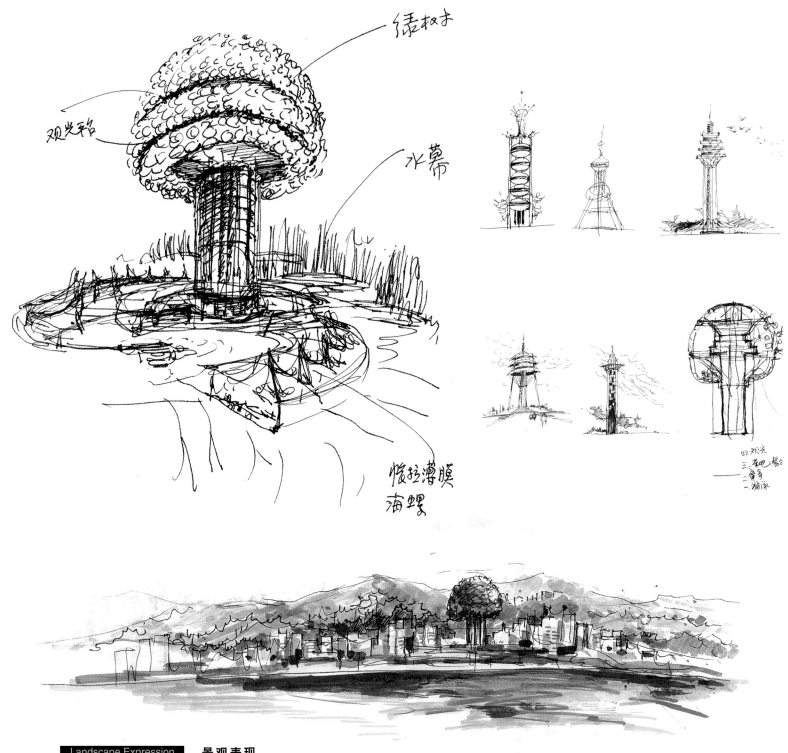

绿枝头

观光平台

水幕

慢拉薄膜
海螺

四 观光
三 茶吧 塔台
二 餐厅
一 喷泉

Landscape Expression　**景观表现**

大连"绿之梦"主题城雕广场设计　　时间：3小时　　创作日期：2005.12.14　　材料：水性、油性马克笔

　　这是一组为大连"绿之梦"主题城雕广场设计的雕塑草图的过程，从过程中可以看出，设计思维由繁入简，但雕塑形象不断丰满，既体现出当地人文地理环境，又与绿色环保的世界性主题暗合。

景观广场创意草图　　　　　　　　时间：4小时　　创作日期：2002.10.23　　材料：水性、油性马克笔

休闲广场的透视效果图。

Landscape Expression 　　**景观表现**

城市公共空间设计——候车亭　　　时间：3小时　　创作日期：1999.3.11　　材料：水性马克笔

　　候车亭设计是设计中经常涉及到的题材，因为这些公共设施作为生活中的点滴，往往不引人注目，但在设计师眼里却最不应被忽视，因为设计来源于生活。本幅作品，色调温馨，比例尺度更具亲切感，地面处理得体，完整。空间关系更加人性化。

文化餐厅设计　　　　时间:3小时　　创作日期：2005.10.20　　材料：水性马克笔

　　文化餐馆时下在社会上非常流行，在课上我为学生现场作了这幅创意设计。有意将中黄色用得比较纯，画面强调了现代感，层次分时，单纯的折线构成形式创造了独特的氛围。

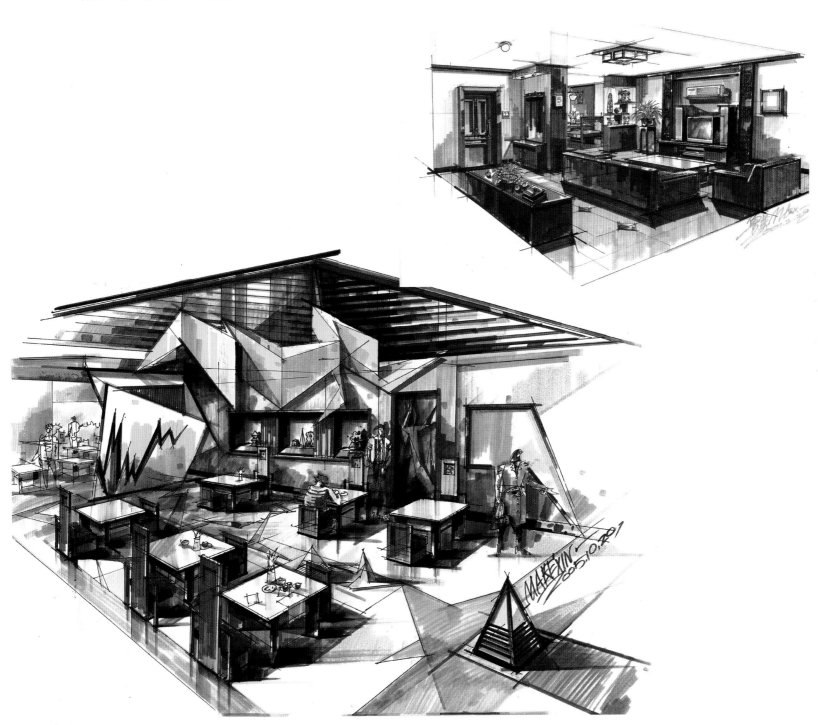

217

第六章 诠释手绘创意的总结
Annotation Summary of Hand-drawing Creation

第一节 沿着大师的足迹
第二节 手绘表现自然流放；手绘创意至高无上
第三节 快速创意表达有无限的应用与发展空间
第四节 诠释手绘创意设计综述

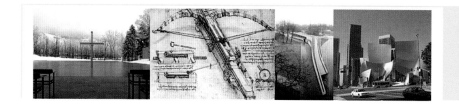

第一节　沿着大师的足迹

建筑大师们深厚的修养、灵动的智慧，令我们叹为观止。带着这种敬畏的心绪，努力解读大师的思想之源，不断地探求他们的创作灵感。历经辗转，力求解读大师创意的本质。最后我们体会：须遵循他们灵感产生、发展、完成的过程，才能学习探求大师创意的本质。解读他们的手绘创意资料，无异于与大师直接交流。一方面赏析他们精湛的表现力，更主要的是要去了解和学习他们最初感性的灵感萌发，再到理性的深化，最终到建筑实体施工完成。这是学习大师的最佳方法，也是提高个人思想修养的最便捷的方式。

第二节　手绘表现自然流放；手绘创意至高无上

手绘表现存在着直率、快捷、表现力强的趋势。设计师在思维创造的过程中，手绘表现也自然流放。现代手绘表现的方式多以快捷的表现形式为主，如运用马克笔、彩色铅笔等便捷的工具来实现。思维在跳跃，手绘表现也随之同步展开。经过长期的专业化的思维积累，逻辑能力、想像能力也就逐步增强，在思维创意到达的同时，手绘表现也随之自然流放。

设计是不断延伸、扩展，并将最初的定位具体化的过程，如同将骨骼不断填充，以至最终丰富饱满。在设计完善的过程中，创意占据主导地位，正是由于创意的主导作用，形式语言才能彼此照应、一脉相承、协调统一的展开，语言、形式、色彩等相互照应。在紧扣原发的创意和想像力的基础上，将设计完善。所以说，手绘的创意性是至高无上的。而真正的创意来源于对实地现场的直观认识，来源于对功能特性的研究，从不同角度逐步形成完整思路。可以说，没有创意的手绘作品就如同没有灵魂的人一样，毫无存在价值。创意性在作品中体现出它的最高地位。

第三节　快速创意表达有无限的应用与发展空间

设计是一种由感性到理性的深化过程，也是最初灵感萌动，经历全面思考整体完善的思维过程。创意草图是愉悦的探索过程，是高潮前的序曲，是记录思维的脚本。创意草图不仅仅是形式的表现，更是思维探索科学文化相结合的产物，承载设计师设计价值的体现。

手绘创意的表现性强，具有记录性、促进性、研究性，能及时有效地传递设计过程中思维形态变化以及产生的问题。既清楚明了，又能提高工作效率。在工程技术方面，可用于建设施工技术问题的表达；而在思维分析方面，可以运用类比、并行、排列的图像化形式来表现创意。表达内容的多样性、快捷性决定了手绘创意表达有无限的应用与发展空间。

第四节　诠释手绘创意设计综述

　　本书以手绘创意设计作为切入点，围绕手绘的主题进行了较为系统的归纳和研究。开章是对手绘的历史回顾，包括对手绘的起源、手绘的文化传承、手绘的真正意义的概括总结，让读者比较清晰地了解手绘的历史背景。另外通过典型的手绘作品再现手绘在人类文明、历史发展进程中所起到的作用，进而揭示手绘创意的内涵及对后来建筑大师的影响。接下来第二章按历史年代通过对大师的经典作品和手绘创意作品进行分析比较，全面展开了对建筑流派风格、理论体系和经典作品的分析比较，让读者通过图文对照的形式了解建筑发展的历程和建筑美学，了解建筑大师的代表作品及手绘草图。第三章收录了数十张建筑景观经典手绘作品，让读者看到后人继承传统、学习大师，深入研究和学习手绘所留下来的精美之作。从中能感受到世界各地不同风格、不同手段、不同视角的优秀手绘作品，了解到近 50 年间手绘设计的发展状况，从中得以借鉴和总结。第四、五章较系统地从理论、技法、设计实践三个方面展开对设计过程以及手绘创意设计内涵的阐述，使爱好手绘的读者加强对手绘深刻涵义的挖掘，从中找到正确有效的学习方法。最后一章是马克笔快速创意与表现，通过马克笔这种表现介质，作出体现设计师设计意图的手绘设计作品，它是一个设计师综合修养的体现。

　　《诠释手绘设计表现》一书，自始至终没离开对手绘的系统概括和对手绘本质内涵的研究，它集手绘史料性、理论性、技法性、艺术表现性为一身，是一本快捷、高效、专业性很强的读本。相信本书能够使读者迅速进入状态，对手绘本质进行深入研究，从中找到自己所关注的热点。同时，作为手绘资料的收藏，也不失为一本有价值的读物。让更多的专业人士关注手绘，挖掘手绘内涵及共同创造手绘的未来。让手绘创意设计真正成为未来设计师的必然选择。

后记
Post script

我是一个兴趣广泛的人，有不少的经历，有挺多的爱好，对很多热点也愿意关注。我曾经非常活跃。但随着年龄的增长，一些曾经热衷的爱好也日渐消失。可就在对很多事情都感到平淡的时候，我发现我对马克笔手绘创意的兴趣却从来没有减弱过，觉得如今能让我全身心、忘我投入的就只有对环境艺术的研究和我一直执着喜爱的手绘创意了。我现在眼睛有些花，花镜的度数大概都300度有余了，但我还是很愿意去画，觉得那是我多年来挥之不去的热爱。

在很多学校办讲座的同时，我都随身携带马克笔工具。有时，应邀当场作画。我的很多学生都说："马老师画手绘太快了"、"太熟练了"、"太神奇了"……记得有一次，我在马来西亚艺术学院作讲座后，给他们的学生作示范，用一个小时的时间完成了一张室内设计的创意作品。学生们都说我是中国的"小李飞刀"，以此来形容我画的速度之快。

因为喜欢手绘创意，所以经常画，上课阶段与学生一起画是我的习惯。书中我的二十几张画，如果读者细心观察，画上的日期基本都是在2005年底到2006年初的三年级"城市公共空间概念设计"课上完成的。在我看来，作画熟练，并不是问题的关键，多画、勤奋，就能解决。关键是对手绘本质的理解，对手绘文化内涵的领悟，对创意到思考到决策到认定过程的娴熟，这个过程是在画面上看不到的。可是部分学生们有时却意识不到这些，注重的多是表面的技法、形式、色彩、构图等视觉上的表现。他们在看画和学画上，往往都比较片面。

在课堂教学和实践教学中我经常愿意带着我的学生一起来解读建筑、室内、景观大师的创意作品。大师的创意有时用手绘表达出来很简单、很抽象，完全是对思想、文化内涵的流露，而不需要刻意的技法。我觉得这才是单纯的，很本质。所以，我希望我来做一座桥梁，引导我的学生，让他们更加关注手绘的真谛和本质。我的学生们也愿意和我在一起交流"想法"，我们会讨论一个景观的构思、一个建筑小品的创意、一个节点的处理。有时，我经常是边说边画，一个设计思路刚说完，手上的手绘初稿也完成了。有时候，一个设想不容易用语言表达出来，就会用手绘从图面上表现，那样就变的更直观、更易懂了。

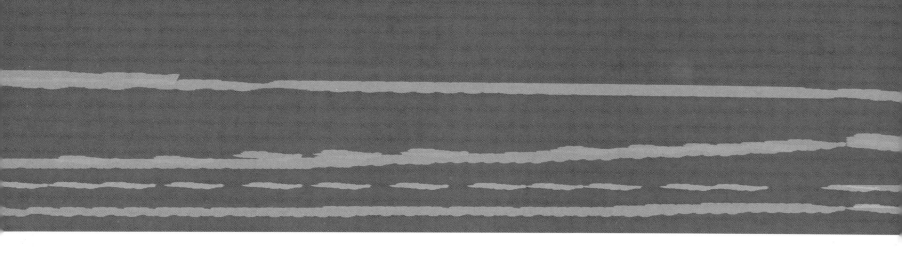

搞创意设计的人都知道，一幅好的作品更重要的是创意设计中定位、构思的表达，一切技法与表面的形式美学都是为它服务和以它为基础的。这本《诠释手绘设计表现》就是希望告诉更多关注和爱好手绘的朋友，要从高起点去学习手绘，不能只注重表面或片面的关注形式。手绘表现的更本质目的是创意而不仅是技法。

在这本书的编写过程中，适逢第二届全国环境艺术设计大展暨论坛召开在即，我要忙于许多行政方面的事务，因此牵扯了很多精力，同时我的构思过程又经历了一个不断认识完善的过程。最初的书的体例设计，也仅仅是我的手绘作品及表层的剖析，但随着书的编撰的深入，我觉得有必要把手绘研究推向更深层次，否则会形成某种程度的误读。这本书不应仅仅停留在个人作品集这个方面，而应是关于手绘的更多方面的兼融与贯通。

又把书稿拿在手中翻看了好多遍，看得越多，感受也就越多，现在觉得个人作品的部分并不十分满意，它们只是对一些小空间的创意和构想或是教学中的快速表现。好在这本书有更多的资料性，可以说不是史书，但是有史书的功效，这也是值得我宽慰的。在建筑手绘的资料中，我尽可能收集一些风格多样、技法各异的有代表性的作品，以适应更广泛读者群体的需要，对环境艺术设计各个领域都有所帮助。在我的创意表现的设计实践中，今后会有更多的能让自己满意的真正有设计价值的作品面市。50岁左右了，也许没有多少人还会这样去关注手绘，但我还是喜欢，仍然觉得它是我可以一生不罢的爱好，也因为这份喜爱，因为有这份专注，我相信未来的作品会更加的成熟和深刻。到时我将和各位同仁做更深层次的探讨。

最后，我向韦尔申院长、张绮曼教授为此书出版作序表示深深的感谢。同时，感谢建筑工业出版社的张惠珍总编及编审人员；感谢鲁迅美术学院环境艺术设计系席田鹿、张树燕、金长江老师；感谢2003、2004届研究生对书稿后期的图文整理、查阅，对大家的辛勤工作、大力帮助和全力支持表示感谢。

本书在编写过程中为了说明问题，选用了部分资料，在这里本书作者向原作者表示感谢。

2006 年 4 月　编著者

参考书目
Bibliography

《第一影响力艺术宝库》 北京出版社 《第一影响力艺术宝库》编委会 编 著 2005 年

《医学的历史》 希望出版社 [英]罗伯特·玛格塔著 2003 年

《COMPOSITION》 FRANK WEBB

《西洋美术辞典》 外文出版社 原著作者 雄狮图书股份有限公司（台湾） 2002 年

《设计思考》 建筑情报 PeterG·Rowe著 王昭仁译 1999 年

《绘图设计透视学》 黑龙江美术出版社 恩刚著 1998 年

《建筑造型美学设计》 台佩斯坦出版有限公司 邹德侬编译 1992 年

《建筑的涵意》 天津大学出版社 刘育冬著 1999 年

《Sir Norman Foster》 FASCHEN

《Carchitesture》 CARLYON

《Rchard Meier Architect》 RIZZOLI

《GREAT BUILDINGS》 Printed in belgium Leisure Books

《世界建筑大师手绘图集》 辽宁科学技术出版社 [西班牙]阿杰多·马哈默 2006 年

《ARCHITECTURAL ILLUSTRATIONS》 BIJUTSU SHUPPAN—SHA

《ARCHITECTURAL BENDERING3 WATER FRONTS》 GRAPHIC—SHA

《EXTERIOR》 GRAPHIC—SHA

《Interiors:Perspectives in Architectural Design》 GRAPHIC—SHA

《大英视觉艺术百科股份有限公司》 广西出版总社 广西美术出版社 台湾大英百科股份有限公司 1994 年

《FRANK LIOYD FALLINGWATER》 A.D.A.EDITA TOKYO

《FRANK LIOYD ARCHITECTURE》 A.D.A.EDITA TOKYO

《德国手绘建筑画》 辽宁科学技术出版社 [德]乔纳森·安德鲁斯编著 2005 年

《PETER WALKER AAND PARTNERS LANDSCAPE ARCHITECTURE:DEFINING THE CRAFT》

《TEN YEARS TEN CITIES》 LAURENCE KING

《人类文明史图鉴》 吉林人民出版社 吉林美术出版社 查尔斯·鲍伊尔 编著

《绘图系列》 宇航出版社 英国Dorling Kindersley 公司 1995 年

《中国民间吉祥艺术博览》 辽宁美术出版社 张彤 耿墨著 1998 年

《波隆那插图年鉴》 中国青年出版社 波隆那插画展组委会编 2003 年

《ARCHITECTURE NEIL STEVENSON》 DORLING KINDERSLEY

《THE PHAIDON ATLAS(1.2.3)》 PHAIDON

《丝绸之路与石窟艺术》 辽宁美术出版社 阮荣春编 2004 年

《中国建筑与表现年鉴》 华中科技大学出版社 香港日瀚国际文化有限公司 2006 年

《中国古典园林大观》 天津大学出版社 蓝先琳编著

《建筑之艺术观》 建筑情报季刊杂志社·中威技术顾问公司 原作Stanley Aberambie 吴玉成译 1993 年

《建筑表现艺术》 天津大学出版社 Gordon Grice著 1999 年